Predica un poco mejor

Predica un poco mejor

25 pequeñas cosas que puedes hacer para convertirte en un mejor predicador

JONATHAN T.
PENNINGTON

B&H
ESPAÑOL
BRENTWOOD, TENNESSEE

Predica un poco mejor: 25 pequeñas cosas que puedes hacer para convertirte en un mejor predicador

B&H Publishing Group
Brentwood TN, 37027

Diseño de portada: Lexham press // Linen texture shutterstock.

Clasificación decimal Dewey: 253
Clasifíquese: PREDICACIÓN \ SERMONES \ CLERO

ISBN: 979-8-3845-1612-5

Impreso en EE. UU.
1 2 3 4 5 * 28 27 26 25

A Tracy Pennington, que ha escuchado fielmente
un montón de sermones míos durante veinticinco años,
y cuyos consejos han sido inmensurablemente valiosos.
La eficacia de mis sermones está directamente ligada
a si he escuchado sus brillantes consejos
la noche del sábado, o no.

Índice

La práctica de la predicación

Agradecimientos

Aunque este libro es pequeño, un número significativo de personas me han ayudado a lo largo del camino, y quiero reconocer sus dones. Mis propios profesores de homilética de *Trinity Evangelical Divinity School,* Mike Bullmore y Greg Scharf, fueron siempre extremadamente amables y alentadores conmigo. Nunca he olvidado que el Dr. Bullmore me apartó después de mi primer sermón y me dijo palabras vivificantes sobre mi vocación y mi talento. Sus amables palabras me han quedado grabadas. El Dr. Scharf ha continuado animándome desde lejos a lo largo de los años, incluyendo la lectura de la mayoría de los ensayos de este libro y sus comentarios constructivos.

Es un regalo y una alegría compartir el púlpito con el pastor Kevin Jamison en *Sojourn East.* Él es el pastor principal y no tenía necesidad de invitarme a unirme a él en el ministerio de la predicación, pero con humildad y alegría, lo ha hecho. El resultado ha sido una hermosa asociación en la que cada uno de nosotros aporta su propio estilo al púlpito, al mismo tiempo que colaboramos constantemente en la visión y el contenido de los sermones. También somos muy afortunados de formar parte del colectivo de iglesias *Sojourn* en toda la ciudad, donde compartimos recursos, ideas y manuscritos de sermones de una manera enriquecedora, al estilo «banda de hermanos».

Casi todos los libros que se leen de mí en los últimos cinco años tienen las huellas invisibles de mi antigua asistente administrativa y todavía amiga, Anna Poole Mondal. Ella ha sido una fuente constante de ánimo vivaz y ha tenido la amabilidad de prestar su agudo ojo editorial a todos los ensayos de este libro.

Por último, este libro está dedicado a mi esposa desde hace más de veintisiete años, Tracy Pennington. Como indica la nota de dedicatoria, mis sermones pueden ser evaluados en dos categorías: los que hablé con ella de antemano y los que no. Hay una diferencia clara y consistente en la calidad de estos dos tipos. Ella es una persona única que ve a través de todo mi orgullo, pereza, autosuficiencia y palabrería superficial, y siempre me empuja a ir al corazón, a preguntar lo que dice Dios (y no lo que el profesor Pennington quiere decir), y a ministrar gracia y bondad a los cansados y dolidos. Ella es un regalo para mí y, sin que ellos lo sepan, un regalo para todos aquellos a quienes ministro.

Abreviaturas

Libros de la Biblia

Antiguo Testamento

Génesis	Gn.
Éxodo	Ex.
Levítico	Lv.
Números	Nm.
Deuteronomio	Dt.
Josué	Jos.
Jueces	Jue.
Rut	Rt.
1 Samuel	1 S.
2 Samuel	2 S.
1 Reyes	1 R.
2 Reyes	2 R.
1 Crónicas	1 Cr.
2 Crónicas	2 Cr.
Esdras	Esd.
Nehemías	Neh.
Ester	Est.

Job	Job
Salmos	Sal.
Proverbios	Pr.
Eclesiastés	Ecl.
Cantares	Cnt.
Isaías	Is.
Jeremías	Jer.
Lamentaciones	Lm.
Ezequiel	Ez.
Daniel	Dn.
Oseas	Os.
Joel	Jl.
Amós	Am.
Abdías	Abd.
Jonás	Jon.
Miqueas	Mi.
Nahúm	Nah.
Habacuc	Hab.
Sofonías	Sof.
Hageo	Hag.
Zacarías	Zac.
Malaquías	Mal.

Nuevo Testamento

Mateo	Mt.
Marcos	Mr.
Lucas	Lc.

Juan	Jn.
Hechos	Hch.
Romanos	Ro.
1 Corintios	1 Co.
2 Corintios	2 Co.
Gálatas	Gá.
Efesios	Ef.
Filipenses	Fil.
Colosenses	Col.
1 Tesalonicenses	1 Ts.
2 Tesalonicenses	2 Ts.
1 Timoteo	1 Ti.
2 Timoteo	2 Ti.
Tito	Tit.
Filemón	Flm.
Hebreos	He.
Santiago	Stg.
1 Pedro	1 P.
2 Pedro	2 P.
1 Juan	1 Jn.
2 Juan	2 Jn.
3 Juan	3 Jn.
Judas	Jud.
Apocalipsis	Ap.

Introducción

«Pequeño» no es una palabra especialmente positiva en la mayoría de los casos. ¿Quién quiere una cuenta bancaria pequeña, una cantidad pequeña de honor, un trabajo con un salario pequeño o un número pequeño de beneficios? Y aunque podamos idealizar algunas ventajas de tener una iglesia pequeña, creo que pocos pastores, en sus momentos de honestidad, preferirían que su iglesia fuera así en lugar de grande y en crecimiento.

Cuando se trata de predicar, me arriesgaré a sugerir que nadie ha unido nunca «pequeña» y «predicación» en un sentido positivo. Un dato no científico que lo corrobora es que, en una época en la que cualquier nombre de dominio de un sitio web potencialmente comercializable ha sido arrebatado por ocupantes ilegales con la esperanza de ganar dinero rápido, www.smallpreaching.com [pequeña predicación.com] estaba fácilmente disponible para mí. Ahora soy el propietario, así que no se haga ilusiones. De hecho, compruébelo para ver algunos recursos estupendos.

Pero lo «pequeño» puede ser bueno e incluso revolucionario. Piense en el *small ball* [«juego pequeño»] tal y como lo practicaron durante la temporada 2013-2014 los Kansas City Royals en béisbol o los Golden State Warriors en baloncesto. Los Royals utilizaron una estrategia de *small ball* para demostrar que un equipo puede tener mucho éxito sin un presupuesto abultado ni bateadores de jonrones muy bien pagados. Emplearon una técnica de pasos pequeños y metódicos —*hits* de base, ligeros toques, bases robadas, elevados de sacrificio— para llevar a los corredores a la base y a *home*. Y funcionó. Del mismo modo, los Warriors, en lugar de concentrarse en tener al «hombre grandote» debajo de la canasta, obtuvieron un gran éxito a través de una ofensiva de ritmo rápido con múltiples y ágiles dribladores y tiradores.

En su excelente libro *Small Teaching* [Pequeña enseñanza], James Lang aplica la idea de lo «pequeño» para ayudar a los profesores a ser más eficaces en lo que hacen.[1] Lang, que también es profesor, sabe que la mayoría de los profesores quieren desarrollar sus habilidades y ser más llamativos y eficaces, pero hacerlo es difícil. Las conferencias, los libros y los seminarios prometen que una revisión radical de la educación y la pedagogía resolverá todos nuestros problemas como profesores. Sin embargo, Lang argumenta que no es posible que los maestros y profesores cambien todo lo que hacen: dar vuelta cada aula, renovar toda una escuela, desechar todo lo que se les ha enseñado. En cambio, es mucho más sensato, realista y eficaz dar pequeños pasos, pequeños cambios metódicos en la forma en que un profesor aborda la enseñanza y el aprendizaje. Es un acercamiento «de juego pequeño» para mejorar la pedagogía, que realmente funciona.

Juego pequeño. Pequeña enseñanza. Y ahora, pequeña predicación. Ocupacionalmente, soy tanto profesor como predicador, y me importan mucho estos dos papeles. Dedico gran parte de mi tiempo y energía a centrarme en lo que estas dos funciones comparten: la importancia de la excelencia y la belleza en el acto de la comunicación. También soy consciente de los muchos retos a los que se enfrentan los predicadores cuando viven su vocación. Si está leyendo este libro, probablemente también le preocupa todo esto.

Mi objetivo en este libro es ayudarle a dar algunos pequeños pasos en la enseñanza hacia una predicación intencionadamente mejor. Este no es un libro sobre toda una filosofía y práctica de la predicación. Hay muchos libros buenos de ese tipo, y muchos de ellos me han inspirado y ayudado. Si alguna vez tomó un curso de homilética en el seminario, seguro que su profesor le dio su propia versión de este tema. En cambio, este es un libro de pequeñas ideas que puede probar hoy.

¿Cómo se consigue un cambio duradero en la dieta, el ejercicio o el aprendizaje de una nueva habilidad? A través de pequeños pasos en la misma dirección a lo largo del tiempo. Este libro no promete que si usted hace esta única cosa, entonces su predicación será mágicamente diferente, como si fuera la contratación del bateador de 200 millones de dólares o el centro de 2,20 m. En cambio, le ofrezco aquí algunas pequeñas ideas que pueden tener grandes consecuencias si juega durante todo el partido de manera metódica e intencional.

Predica un poco mejor es una colección de veinticinco ensayos breves y fáciles de entender que invitan a ver y analizar el mundo de determinadas maneras. Estas exploraciones, del tamaño de una pepita, están organizadas en tres títulos, con agradables «p» y aliteraciones fascinantes: persona, preparación y práctica de la predicación. Los ensayos que encontrará aquí son variados en sus enfoques, temas, contenidos y formas. Algunos aportan una visión; otros desafían suposiciones y hábitos; otros dan «consejos profesionales» recogidos de expertos. Sin embargo, todos le invitan a considerar pequeños cambios que pueden tener un gran efecto, tanto si está a punto de empezar en su primera iglesia, como si es ya es alguien experimentado en el ministerio. Así que venga y empiece con algo pequeño.

La persona del predicador

1

Manejar los elogios con cuidado y alegría

Los seres humanos, hechos a imagen del trino Dios que se relaciona, necesitamos el estímulo y el amor de los demás. Solo hubo un breve y singular momento donde el ser humano estuvo completamente solo en la creación, y el veredicto de Dios fue claro: «No es bueno que el ser humano esté solo» (Gn. 2:18).

Los seres humanos —incluida la pequeña subespecie que está llamada a predicar— necesitan el estímulo y el amor de otras personas. «El trabajador es digno de su salario» (1 Ti. 5:18) se aplica no solo económicamente hablando, sino también relacional y emocionalmente. El elogio es una necesidad buena y natural. Es un regalo que anima.

La mayoría de los predicadores que he observado dudan en recibir elogios y cumplidos. Esto es un error. Pero al mismo tiempo, el pastor necesita pensar cuidadosamente en cómo manejarlos de una manera saludable.

Podemos resumir la sana recepción de los elogios en la predicación con dos palabras: *cuidado y alegría*.

Cuidado. Hay un par de razones por las que debemos ser sabiamente cuidadosos con la forma en que recibimos los elogios. En primer lugar, lo que dice Emily Dickinson sobre la fama se aplica, de forma más general, a todas las formas de alabanza:

> La fama es como una abeja.
> Tiene un sonido particular...
> Tiene una picadura...
> Ah, también, tiene alas.[2]

La fama y los elogios son fugaces e inconstantes. Tenga cuidado con los elogios de los demás. Mantenga todo a distancia, no sea que le den un puñetazo cuando aparezca su inevitable prima... la crítica.

Una segunda razón por la que debemos ser cuidadosos en nuestra recepción de la alabanza es que es una droga adictiva que puede cegarnos a la alabanza más importante: la que viene de Dios mismo. En Mateo 6:1-21, Jesús enseña extensamente sobre el peligro de buscar la alabanza de los demás. Nuestro problema *no es* el deseo humano natural de recompensa o elogio. Nuestro problema es nuestro afán y amor por obtener elogios del lugar equivocado. Si atesoramos la recompensa terrenal de que la gente nos alabe, nos encontraremos *solo* con ese tesoro, no con una recompensa de Dios. Donde está nuestro tesoro, allí está también nuestro corazón. Así que abra con cuidado el regalo del elogio.

Alegría. La mayoría de los predicadores son conscientes de los peligros de los elogios, y la mayoría de nosotros no vamos a buscar abiertamente la alabanza de una manera burda y obviamente autopromocionada (aunque la búsqueda sutil de elogios es mucho más común. Créame). Esta buena piedad y humildad, sin embargo, puede llevarnos a luchar por abrazar el otro aspecto equilibrante de la recepción de los elogios: el recibirlo con alegría.

Es bueno, natural y beneficioso ser el receptor de los elogios. Es una necesidad humana básica y no pecaminosa. Además, como enseñan las Escrituras, debemos dar honor a quien lo merece. Un predicador que es llamado, cualificado y que trabaja en el oficio de la predicación es digno de un honor apropiado y saludable. Solo un altruismo no bíblico evita esta forma en que Dios ha hecho el universo: el bien engendra el bien; el trabajo engendra el honor; los que siembran diligencia deben cosechar su fruto. Por tanto, no debemos dudar ni resistirnos a recibir elogios sobre nuestra predicación. Es un regalo que no hay que rechazar. Es bueno y correcto.

Entonces, ¿qué debería decir cuando alguien lo felicita en persona o por correo electrónico? Yo aprovecho estos momentos con gratitud y digo alguna combinación de estas cosas:

- «Me alegra saber que le ha servido el mensaje ¡Gracias!».
- «Es usted muy amable. Gracias por tomarse el tiempo de animarme».
- «Es muy agradable escuchar eso. Necesito ánimo, como todo el mundo».

No es humildad rechazar o desviar el cumplido: «¡Oh, no tuve nada que ver! Solo Dios tiene mérito». Esto deshonra su don y la estructura del universo de Dios. Cuando alguien le agradezca por su sermón, reciba este buen y hermoso regalo, completando el ciclo de dar y recibir que Dios ha creado.

El camino de la sabiduría es siempre el filo de una navaja; es más fácil caer de un lado o del otro que mantener el equilibrio. Nuestra relación con los elogios sobre la predicación no debe participar ni de la necedad del engrandecimiento propio ni de la falsa humildad. El elogio es como la comida, ya que ni la glotonería ni la inanición son buenas. El predicador sabio considerará los elogios no como una fuente de idolatría, sino como un don que permite una vida sana. No tenga miedo de recibir elogios, pero manéjelos con cuidado y recíbalos con alegría.

2

Manejar las críticas con cuidado y humildad

Si usted como predicador espera de los feligreses interminables cestas de regalo, desfiles y comentarios sobre cuán mejor es usted que su último pastor, bueno, no estoy seguro de qué decir, excepto que tal vez una carrera en la metalurgia o algo más lejos del ministerio pastoral podría ser una mejor opción para usted.

Imagino que pocos predicadores esperan realmente una alabanza perpetua. Sin embargo, cuando la crítica llega —especialmente de personas inesperadas y en momentos poco propicios— nos sorprende y nos hiere. Y no solo nos causa dolor personal, sino que, además, la forma en que se maneja la crítica será la mayoría de las veces el factor decisivo para sobrevivir en una iglesia y en el ministerio en general. La forma en que se maneja este asunto es importante. La crítica que no lo hace más fuerte, definitivamente lo matará. Para asegurar que la crítica le ayude a crecer, manéjela con *cuidado y humildad.*

Con cuidado. La predicación es como actuar, no en un sentido negativo, sino en el sentido más amplio de desempeñar o ejecutar una tarea o habilidad pública. Algo inherente a la predicación es ponerse delante de la gente para que lo examinen. Por tanto, es inevitable que sus ideas, sus posturas, sus habilidades, sus modales, su vestimenta y sus destrezas sean evaluadas. Tarde o temprano, alguien dirá algo crítico, grande o pequeño, justo o injusto, basado en el conocimiento o la ignorancia.

Sea cual sea la forma, el momento, el tipo o la fuente, debe manejar las críticas *con cuidado*. Esto significa, en primer lugar, decidir que no responderá inmediatamente. Tal vez mire a aquella persona, a la cual no le agrada, caminar hacia usted para su cita semanal con la crítica. O tal vez se trate de un pequeño comentario escuchado por un tercero de alguien que creía que le agradaba. En cualquier caso, en ese momento, respire hondo e imagínese en una postura de brazos abiertos, no con los puños listos para pelear. No se defienda. No lo haga. Desarrolle el autocontrol para no dejarse llevar por el momento. Si todo lo que puede responder es: «Está bien», entonces es suficiente por ahora. Si es apropiado y así lo siente, puede ser incluso mejor responder con: «Gracias. Lo pensaré». Una respuesta amable aleja la mayor parte de la ira, pero una respuesta dura genera más críticas.

Luego, cuando tenga la oportunidad de pensar, considere cuidadosamente y en oración la crítica en todos sus aspectos: fuente, forma y contenido. Imagine la crítica como un objeto virtual (no una persona) que puede examinar y mirar por todos los lados. Algunas críticas pueden y deben arrojarse inmediatamente por la ventana (no vaya a recuperarlas). Algunas críticas dan en el clavo y hay que examinarlas más. Otras necesitan ser reducidas a un grano de verdad al que debemos prestar atención. Pero debe considerar cuidadosamente las críticas con sabiduría. No hacer caso de las críticas y dejarse guiar por ellas es igual de insensato como peligroso.

Con humildad. Dios se opone a los orgullosos, pero da gracia a los humildes (Sal. 138:6; Stg. 4:6; 1 P. 5:5). El tema de la resistencia se repite a lo largo de las Sagradas Escrituras por una razón: la falta de humildad es destructiva. La arrogancia (y su hermano débil, la actitud defensiva) es lo contrario de quién es Dios y de cómo funciona Su mundo.

No hay lugar donde se necesite más la humildad ni donde se ponga más a prueba su pureza que en el fuego de la crítica. Así que cuando se enfrente a la crítica, tómela con humildad como si fuera un invitado o un regalo.

El primer paso para recibir humildemente las críticas es verlas como una oportunidad de crecimiento. Sé que esto es difícil, y por eso he dicho que debe poner en su lugar a la crítica. Esto le dará el espacio psicológico para aprender de ella todo lo que pueda. Pregúntese: «¿Qué hay de cierto en el contenido de la crítica? ¿Qué puedo hacer mejor?».

O bien: «¿Qué puedo no cambiar de mí mismo y aprender a vivir con ello?».

Profundizando todavía más, úsela como una ventana a la salud de su propia alma: «¿Por qué me molesta esta crítica en particular? ¿Qué miedos, inseguridades o vergüenza evoca en mí?». Una vez que pueda empezar a practicar este nivel de trabajo honesto en su alma, el crecimiento real puede tener lugar. La humildad labra la tierra de su alma, y la crítica puede ser el abono que fertiliza un crecimiento robusto.

Si tras este autoexamen hay algún aspecto de la crítica que merezca la pena, acuda con humildad a algunos amigos de confianza y pregúnteles qué opinan. ¿Es esta crítica algo para considerar, para aprender de ella, para impulsar un cambio? Dios dará una gran gracia a este tipo de humildad en comunidad.

La vida del predicador contiene momentos tanto de gran alegría y satisfacción, como de duda y dolor. Las críticas de los demás pueden ser devastadoras y atormentadoras. Me he dado cuenta de cómo incluso una pequeña crítica puede alojarse en mi alma como una cáscara de palomitas en mis encías, proporcionando una irritación constante y provocando un trabajo tedioso para eliminarla. No manejar bien la crítica nos destruirá y, por tanto, también destruirá nuestros ministerios. Pero no tiene por qué ser así. Del mismo modo como podemos crecer en desarrollar una habilidad homilética, podemos crecer en aprender a manejar la crítica con cuidado y humildad.

3

Banda de hermanos predicadores

El 25 de octubre de 1415, día de San Crispín, el rey inglés Enrique V se puso al frente de su ejército de unos 9000 hombres cerca de la localidad de Agincourt, al ser interceptado por una fuerza francesa de 36 000. Shakespeare relata el famoso discurso de Enrique a sus hombres inspirándolos a regocijarse y acudir con valentía a la batalla de ese día porque siempre serían recordados, ya sea por sus cicatrices o por sus muertes. Enrique proclama que todos los que no lucharan en la batalla del día de San Crispín estarían celosos de «nosotros, los pocos; nosotros, los felices; nosotros, la Banda de Hermanos».

Este discurso ha seguido inspirando, incluso cuando se emitió en los aparatos de radio de Inglaterra durante los oscuros días de la Segunda Guerra Mundial. El discurso también ha prestado su frase «Banda de Hermanos» a muchas historias, incluido el relato de una compañía de paracaidistas, dirigida por el comandante Richard Winters, que desembarcó en Normandía y luchó hasta el cuartel general de Hitler, el *Kehlsteinhaus*. La profunda camaradería que surge de la convivencia en las pruebas es una de las principales experiencias transformadoras de la humanidad.

A riesgo de parecer demasiado dramático o triunfalista, quiero inspirar a los pastores a pensar en nosotros mismos como una banda de hermanos predicadores. Predicar como una banda de hermanos significa que reorienta su mensaje en torno a una interdependencia intencional. Lo invito a reconocer que para escalar la monumental tarea de la vida de la predicación, necesitamos un grupo muy unido de personas con misiones similares que trabajen juntas. Necesitamos algo más que nuestros respetuosos congregantes y personal. Necesitamos un grupo de otros predicadores en nuestras vidas que sean de una misma compañía. Necesitamos este grupo, este grupo feliz, este grupo de hermanos, y lo necesitamos no solo en las conferencias anuales, sino semanalmente.

Lo que quiero decir es que los predicadores deben desarrollar hábitos de trabajo conjunto en la preparación de los sermones, compartiendo ilustraciones, bosquejos y aplicaciones. Los predicadores deben cultivar patrones de diálogo regular con otros predicadores. La Banda de Hermanos Predicadores puede compartir recursos y planificar la predicación de series paralelas en sus propias iglesias, beneficiándose así de la sinergia de luchar juntos con los textos. Esto no significa ni independencia ni sobredependencia, sino un enfoque verdaderamente interdependiente de la vida de predicación.

¿Por qué deberíamos hacerlo? Espero que sea inmediatamente evidente que tal enfoque —por poco común que haya sido en las últimas décadas— es una gran fuente de ánimo, estímulo, responsabilidad y crecimiento. La suma de la predicación de los predicadores será más fuerte que las partes individuales. El vínculo de este grupo es más fuerte que incluso los dones y habilidades del predicador más fuerte. Ciertamente, algunos en tal grupo pueden sentirse intimidados porque unos serán más talentosos y tendrán más que ofrecer que otros, pero eso está bien. La vida siempre es así. Si nuestra visión es realmente para el avance del reino de Dios y no para nuestro propio engrandecimiento, tal unión para fortalecer a todos es buena y hermosa.

Durante algún tiempo, experimenté una versión ideal de esto con la red de iglesias de mi ciudad. Este sistema incluía el compromiso de predicar las mismas series y textos cada semana. Compartíamos comentarios y otros recursos, y nos reuníamos semanalmente para discutir nuestras ideas y planes. Cada sermón era obra de cada predicador —¡no plagien, por favor!— pero cada sermón se beneficiaba de la sabiduría colectiva del grupo, de la lucha interpretativa y de varios aspectos homiléticos. Frecuentemente, me nutría de ejemplos, o recibía una línea o alguna cita de mis hermanos que trabajaban con el mismo texto.

Para la mayoría de los predicadores, esta situación ideal no es una posibilidad. No pasa nada. Todavía hay un gran potencial para reunir un pequeño grupo de predicadores. Primero, esto puede hacerse en un área más amplia. Encuentre un grupo en un radio de ocho kilómetros, tome la iniciativa de organizarlo y hágalo realidad. Muchos pastores estarían dispuestos a dedicar medio día a reunirse con otras personas de ideas afines y recibir ayuda para pensar y mejorar sus sermones. Esto requeriría una planificación previa a la serie de sermones, pero el esfuerzo valdrá la pena. Si no es posible reunirse en persona, hágalo virtualmente. Reúna a algunos hermanos de todas partes y comprométase a realizar una videollamada semanal. Con la tecnología actual, esto es muy factible.

Ore por ello. Inténtelo. Empiece a soñar con lo que podría ser y dé un paso hacia ello. Ningún soldado gana una batalla por sí solo. Sea como el rey Enrique o el comandante Winters, y lidere una banda de hermanos hacia el humilde avance del reino de Dios en el mundo.

4

Pastorear como dirigir una orquesta

Para quienes no se han formado en el mundo de la música clásica, puede resultar difícil entender y apreciar el papel de un director de orquesta. De los cientos de intérpretes de una sinfonía moderna, el maestro es el más honrado: aparece en todos los carteles y recibe los grandes aplausos de bienvenida y las ovaciones. Sin embargo, parece que el director de orquesta es el que menos trabaja. Él no toca ningún instrumento ni canta ninguna nota, sino que agita las manos a lo loco, diciendo a los demás lo que tienen que hacer.

¿Qué hace realmente un director de orquesta? Ya en la antigua Grecia, sabemos que un tal Ferécides de Siros utilizaba un bastón de oro para dirigir a un grupo de unos 800 músicos, manteniéndolos unidos en el tiempo mientras actuaban. Hoy en día, una gran orquesta moderna no podría funcionar —o al menos no muy bien— sin un maestro, y las mejores orquestas son reconocidas como las mejores en gran medida por sus directores. Esto se debe a que el director dirige, guía, unifica y da forma a toda la orquesta, sin tocar una sola nota durante el concierto.

Un grupo de científicos estudió la relación entre el director de orquesta y los músicos, analizando el patrón de las señales de un director mediante la colocación de sensores infrarrojos tanto en la batuta del director como en los arcos de los violinistas. Comprobaron que los distintos directores entablaban «conversaciones sensoriomotrices» entre la orquesta y ellos mismos que eran visualmente diferentes, y estas diferencias se correlacionaban con la potencia de la música. Los directores más experimentados crearon una música mucho más agradable desde el punto de vista estético.[3] Los maestros importan.

Entonces, ¿qué tiene que ver esto con el pastoreo y la predicación? Mucho. El papel del pastor puede compararse con el de un director de orquesta, y la predicación es análoga a la actuación. El buen director de orquesta se prepara, escucha y dirige. Lo mismo ocurre con el pastor.

Prepararse. Aunque una actuación de una orquesta de horas de duración puede exigir sudor y energía a los directores, esto es solo la menor parte de lo que realmente hacen los directores. La mayor parte del tiempo, el director se centra en la preparación del concierto. Los directores han pasado años dominando al menos un instrumento y conociéndolo a fondo: cuerdas, metales, vientos, percusión y voz. El director de orquesta es el intérprete magistral de un texto musical complejo, y esta interpretación requiere una investigación que a menudo es rigurosamente académica. Esto incluye el estudio de la época de la música, la biografía del compositor y cómo otros han interpretado y ejecutado la pieza. Así ha observado un experto: «como todos los grandes misterios, el de la música únicamente se entiende con enormes cantidades de arduo trabajo».[4]

Lo mismo ocurre con el pastor. El sermón del domingo por la mañana —la Palabra proclamada— es, al mismo tiempo, un momento increíblemente importante de la vida de la iglesia y la parte más pequeña de la misma. La preparación del pastor es lo que hace que el momento de la predicación sea lo que es. Esta preparación incluye toda una vida de estudio tanto de la Sagrada Escritura como de la experiencia humana. Tanto la labor académica (la formación previa y el estudio semanal) como la pastoral (la convivencia y el amor con las personas reales) son la preparación necesaria para dirigir el servicio semanal.

Escuchar. Tal vez resulte sorprendente saber que una gran parte de lo que hace a un gran director de orquesta es la escucha atenta y practicada. ¿Ha visto alguna vez cómo es la partitura de un director? Los demás músicos siguen sus propias notas impresas; el director está viendo las partes *de todos* simultáneamente en una enorme partitura. Y está escuchando a todos ellos, detectando y dirigiéndolos para que trabajen juntos. Como señala el autor Tom Service, el director de orquesta se convierte en el punto focal, el «pararrayos del oído atento», de modo que «los músicos y el director de orquesta pueden convertirse en algo más grande que todos ellos —que todos nosotros— al mismo tiempo que se sienten plenamente realizados como individuos».[5]

Lo mismo ocurre con el pastor. El mensaje que se transmite y los consejos que se dan son importantes, pero solo serán auténticos y eficaces si se basan primero en una escucha atenta de la música que cada persona puede aportar al conjunto. Cuando los pastores tratan de dirigir y predicar sin escuchar primero y continuamente, se desconectan y a menudo toman el peligroso camino del autoritarismo para preservar su posición. Por el contrario, un pastoreo y una predicación poderosos comienzan con una escucha consciente, convirtiéndose en el conducto utilizado por Dios para escuchar y hablar con el pueblo de Dios.

Dirigir. Solo después de una preparación y de pasar tiempo escuchando, el director está listo para dirigir. Esta dirección es esencial para el funcionamiento de toda la orquesta, ya que el maestro mantiene a todos juntos en el tiempo mediante una visión unificadora, una interpretación de la pieza musical coherente y dirigida. Tocar música es algo más que tocar las notas correctas. La ejecución musical implica una interpretación y una expresión que varían según el intérprete y el instrumento. El director de orquesta aporta la necesaria visión compartida que reúne a un grupo diverso de expertos e individuos para que puedan crear música compleja a través de la armonía de la diversidad, manteniendo al mismo tiempo una voz coherente.

También esto sucede con el pastor. La iglesia está llena de una gran variedad de personas, y esto debe celebrarse. Es precisamente la diversidad y las diferencias entre los individuos lo que permite la salud, la vitalidad y la belleza. El buen pastor y predicador dirigirá a estos individuos no hacia la monofonía, sino hacia una contribución compartida al mundo, que está moldeada por la visión (dada por Dios) del pastor. Dirigir como un director de orquesta es dirigir la diversidad hacia la armonía.

El apóstol Pablo escribe que Dios ha dado maestros a la Iglesia «a fin de capacitar a los santos para la obra del ministerio, para la edificación del cuerpo de Cristo» (Ef. 4:12, NBLA). El pastor/director es el líder, que proporciona instrucción y dando forma a la visión. Pero el objetivo, y la evidencia, de un buen pastor/director no es la actuación de la predicación, sino el efecto: una música poderosa que añade belleza al mundo.

Así que, esta es la fuente de vida del pastor/director de orquesta. Como observa Benjamin Zander, el poder y la vida de los directores de orquesta no están en el ruido que hacen, sino en su papel crucial de potenciar y dirigir el ruido, de permitir a los demás cantar y tocar.[6]

La predicación no es la única forma en que el pastor dirige, pero es la más visible y consistente. El buen predicador recordará que cada actuación dominical es más que el contenido del texto bíblico. Cada sermón es una oportunidad para que el pastor dirija bien a su congregación mediante la preparación, la escucha y el liderazgo.

5

Sea el testigo de Dios, no Su abogado

E. Stanley Jones (1884-1973) ha sido llamado con justa razón el Billy Graham de la India. Jones fue misionero metodista y profesor en ese país durante la crucial primera mitad del siglo XX. Se hizo amigo personal de Gandhi y trabajó para contextualizar el cristianismo en la cultura india de forma respetuosa. Su libro *The Christ of the Indian Road* [El Cristo del camino indio] tuvo un impacto significativo en las misiones, y Jones fue honrado —incluyendo una nominación al Premio Nobel— por sus esfuerzos para traer la paz y el entendimiento mutuo entre India y Occidente.

Una de las citas más famosas de Jones resume lo que aprendió durante años de escuchar y hablar con los indios: «Como abogado de Dios, fui un fracaso; como testigo de Dios, fui un éxito... [El ministro cristiano] debe ser, no el abogado de Dios, para argumentar bien a favor de Dios; sino que debe ser el testigo de Dios, para contar lo que la gracia ha hecho por una vida indigna».[7]

Quiero ofrecer tres lecturas de estas alentadoras palabras: una mala lectura, una implicación que Jones pretendía y una aplicación más.

En primer lugar, la mala lectura: Jones no dice, ni yo sugiero, que la predicación deba carecer siempre de argumentación o razonamiento. O para decirlo más claramente: La predicación y la enseñanza cristianas implican inevitablemente argumentos lógicos, razonamientos, explicaciones de lo que es el cristianismo. La exposición de lo que dice la Sagrada Escritura y lo que enseña el evangelio es fundamental para el testimonio cristiano, ¡y Jones estaba ciertamente de acuerdo! Esto no es a lo que se refería con evitar la abogacía. Así que, independientemente de lo que uno piense que Jones está diciendo, esta cita no está oponiendo la razón o el argumento al testimonio.

Segundo, la implicación: Entonces, ¿qué está diciendo Jones? Su contraste entre ser «abogado de Dios» y «testigo de Dios» es rico en implicaciones, a saber, que nadie es persuadido a seguir a Jesús solo con argumentos. A nadie se le convence para entrar en el reino de Dios. Más bien, el *testimonio* de la gracia activa y transformadora de Dios en la propia vida es el «argumento» definitivo y más importante de la verdad del cristianismo. Como descubrió Jones al tratar de recontextualizar toda la Biblia en una cultura india muy extraña, había muchas cosas que eran difíciles de explicar y a las que costaba darles sentido. Pero llegó a ver que eso estaba bien. Por encima de su capacidad para ser el abogado defensor de Dios estaba el testimonio de Jones sobre la gracia de Dios en su vida. El razonamiento y el testimonio no son mutuamente excluyentes, pero tampoco son iguales en poder e importancia. Es mejor ser un buen testigo que un abogado ganador.

En tercer lugar, una aplicación más: no somos los fiscales de Dios. Cuando nos presentamos como abogados autoproclamados en nombre de Dios, buscando enjuiciar a Su pueblo y al mundo, asumimos el papel del Espíritu Santo (Jn. 16:8), no el papel del predicador. El papel del predicador es dar testimonio de la Palabra y la obra de Dios en el mundo. El Espíritu Santo es el que convence y trae el arrepentimiento.

La predicación incluirá a veces un llamado profético, una exhortación o un desafío (aunque probablemente sea menos frecuente de lo que algunos pensamos). Pero los predicadores no pueden provocar la verdadera convicción o el arrepentimiento; eso es obra del Espíritu. Y si intentamos hacer Su trabajo, el resultado siempre será contraproducente.

La diferencia crucial entre ser el abogado de Dios y ser Su testigo radica en cómo el predicador percibe su relación con sus oyentes. Poner el manto de abogado (enjuiciador) establece una postura adversa, mientras que la vocación de ser testigo es un lugar de amor: estar al lado de los demás, señalar el camino hacia Dios, invitar a la gente a conocerlo.

Ahí está la libertad y el poder. Los abogados atacan las posiciones, tratan a las personas con sospecha, organizan argumentos sobre lo que debería ser, y buscan ganar como objetivo. Los testigos fieles adoptan un papel diferente, de testimonio humilde y centrado en la verdad que han visto y conocido. Sea testigo de Dios; Él no necesita abogados.

6

Distinción entre predicación y enseñanza

Hace poco desayuné con un antiguo alumno que ahora lleva diez años plantando una iglesia en el centro de la ciudad. Me pidió consejo sobre cómo elaborar un plan educativo que proporcionara a su gente una educación teológica más rica y amplia. Se lamentaba de que a su gente le faltaba aprender mucho. Sus sermones eran largos y a menudo complicados, y él sentía la necesidad de decir aún más. Mi consejo para él fue: no trates de decir demasiado en tus sermones. *Predica* sermones más cortos y *enseña* en otros lugares.

El problema de este buen pastor —que es común a todos los que valoramos la educación teológica— es que todavía no tenía clara en su mente la importante distinción entre *predicar* y *enseñar*. Como resultado de esta confusión, estaba tratando de hacer cosas con sus sermones que solo se pueden hacer con la enseñanza, para perjuicio tanto de su predicación como del crecimiento de los miembros de su iglesia.

¿Cuál es la distinción? Podemos definir la predicación como *la proclamación de la verdad bíblica y teológica a modo de invitación y exhortación*. La enseñanza, por el contrario, es *la explicación de la verdad bíblica y teológica*.

Lo que comparten la predicación y la enseñanza cristianas es el contenido: la verdad bíblica y teológica. La diferencia radica en el modo y el objetivo inmediato. La predicación es un contenido bíblico y teológico seleccionado y presentado en forma de proclamación con el objetivo inmediato de invitar y exhortar. La enseñanza es un contenido bíblico y teológico presentado de forma más detallada y sistemática con el fin de explicar y clarificar cuestiones complejas, su interconexión y sus implicaciones. Hay una coincidencia, pero también una distinción.

Pero estas definiciones verbales solo nos llevan hasta cierto punto. También es útil conceptualizar la relación de la predicación y la enseñanza con un diagrama de Venn.

Tanto la predicación como la enseñanza comunican la verdad bíblica y teológica, pero sus modos y objetivos son diferentes.

También podemos abordar la distinción entre predicación y enseñanza desde otro ángulo: la predicación es un monólogo, mientras que la enseñanza es un diálogo. La predicación es una comunicación que se mueve en una sola dirección, del predicador en el púlpito a los oyentes en los bancos (incluso en un entorno vibrantemente interactivo

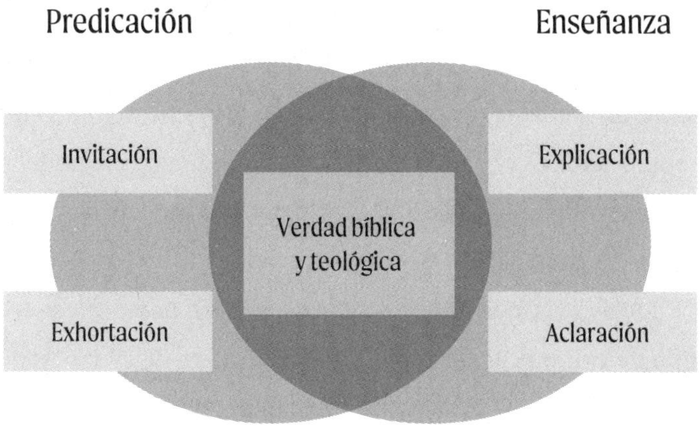

como el que es habitual en la Iglesia negra, el contenido lo da el predicador mientras la congregación le da ánimos vocales, y a veces musicales).

En cambio, la enseñanza, si se hace bien, es dialógica por naturaleza. La comunicación del contenido está dirigida por el profesor, pero las preguntas de los oyentes conforman la conversación y el intercambio que se produce en el aula. La buena enseñanza es intrínsecamente dialógica.

La distinción monólogo-diálogo significa que hay temas que solo pueden y deben tratarse en el aula educativa, donde se pueden hacer comentarios, preguntas y aclaraciones (por ejemplo: crítica textual, teodicea, hermenéutica, etc.). Esto no es posible en la predicación. Por ello, el objetivo y el contenido de la predicación deben mantenerse claramente diferenciados de lo que puede hacerse mediante la enseñanza. La predicación y la enseñanza son funciones yuxtapuestas, pero diferentes, del trabajo del pastor.

A través de nuestra conversación dialógica, mi antiguo alumno llegó a ver el valor de lo que yo le aconsejaba. Sus sermones pueden ser sustanciosos y profundos en su contenido teológico y bíblico, siempre que tenga presente el modo y el objetivo final al escribir y pronunciar sus mensajes. La predicación exhorta e invita.

Llegó a ver que lo que su iglesia *también* necesita es otro tipo de comunicación bíblica y teológica: un lugar separado donde él y otros profesores puedan abordar una serie de temas y hacerlo centrándose en una explicación profunda en un entorno de diálogo. La predicación y la enseñanza, aunque se mantengan separadas, trabajan juntas para satisfacer las necesidades de la Iglesia de Dios.

7

Predicación encáustica

A principios del año pasado, hice un increíble viaje a Santa Fe (Nuevo México) con mi esposa, que es artista profesional. Santa Fe es una de las comunidades artísticas más vibrantes del mundo, con innumerables galerías y estudios en funcionamiento. Entre las muchas obras de arte que vimos, me encontré con un estilo de pintura que nunca había visto en persona: la pintura encáustica.

¿Qué es la pintura «encáustica»? Es un método que utiliza cera caliente coloreada con pigmentos y aplicada en capas. Estas capas apiladas de cera fundida se utilizan para crear una imagen, ya sea abstracta o realista. La pintura a la encáustica es una técnica muy antigua, y ha creado obras que han resistido mejor el paso del tiempo que la mayoría de los demás medios. Todavía se conservan increíbles imágenes de encáustica creadas por los griegos en Egipto que se remontan al siglo II a. C. Si desea podría buscar en Internet los retratos de las momias de Fayum.

Las palabras «cáustico» y «encáustico» están relacionadas porque ambas se refieren a la combustión. Pero una es negativa y la otra, positiva. En la *cáustica* se quema para destruir (física o metafóricamente). En la *encáustica* se quema para crear. La pintura encáustica calienta la cera para poder verterla y alisarla capa a capa, creando bellos cuadros luminosos y multidimensionales. Es un arte lento, en el que cada estrato y color se enfría antes de aplicar el siguiente.

¿Qué es la predicación encáustica? Es una metáfora que permite adoptar una visión de largo alcance de la predicación, un enfoque lento y por capas de la vida del predicador.[8] Los predicadores deben ver cada sermón que predican como una sola capa de cera, un color para una parte del cuadro general. Así es como se hacen las grandes pinturas. Y así es como se hacen las grandes iglesias, también. Considere que, en solo cinco años, el predicador promedio predicará más de doscientas veces. Eso son doscientas capas de cera vertidas en el lienzo de su iglesia, dándole forma y color para crear una obra maestra (con el Espíritu Santo como el verdadero artista).

Adoptar esta visión encáustica de la predicación alivia la presión de intentar hacer demasiado en un solo sermón. Nos anima a dejar que cada sermón haga su propio trabajo, sin esperar que cada capa de cera de treinta y cinco minutos del domingo por la mañana sea el cuadro completo.

Cada sermón es solo una pequeña contribución a su trabajo en el púlpito. Esto es liberador.

Hace poco prediqué sobre la muerte de Juan el Bautista en Mateo 14:1-12. Fue un sermón extremadamente difícil de preparar homiléticamente y ciertamente no fue mi mejor entrega. Pero fue una capa. Calenté un poco de cera y la derramé. Abordé algunos temas y cuestiones que eran exclusivos de esa historia, algunos colores poco comunes. El sermón aportó algunos matices particulares a la pintura de nuestra congregación, los cuales añadieron profundidad y vitalidad a mi pueblo. Me reconforta y me da esperanza recordar que me dedico a un arte lento. Puedo dejar que cada sermón sea solo eso —una capa particular— sin importar lo crucial o exitoso que me parezca.

Las pinturas a la encáustica —y espero que pueda ver alguna en persona alguna vez— tienen una profundidad física que las pinturas tradicionales al acrílico y al óleo no tienen. Al estar formadas por muchas capas añadidas meticulosamente a lo largo del tiempo, las pinturas a la encáustica se desprenden literalmente del lienzo. Lo mismo puede ocurrir con su predicación. No se desespere. Confórmese con la capa de esta semana. Déjela secar de lunes a sábado, y luego caliente más cera del color que le proporcione el texto. Después viértala cuidadosamente en las vidas de su gente semana tras semana, capa tras capa.

La preparación para la predicación

8

La escritura de manuscritos desarrolla el pensamiento

Influido por sus profesores de homilética y sus mentores ministeriales, probablemente tenga el hábito arraigado de escribir su sermón en forma de manuscrito o, en cambio, de utilizar algún tipo de notas. También puede haber una diferencia entre lo que produce en su estudio y lo que lleva al púlpito. Algunos de ustedes escriben un manuscrito completo y luego solo llevan un bosquejo. Algunos hablan a partir de su manuscrito. Algunos lo memorizan todo. Y algunos prefieren hablar de forma muy improvisada, en el momento, basándose en su investigación y sus notas.

Esta variedad es una función comprensible e inevitable de la gran diversidad que es la propia humanidad. Históricamente y en la actualidad, no existe un método correcto para la preparación y la comunicación de los sermones. Cada predicador debe encontrar su propio camino.

Pero sugiero que puede haber un gran crecimiento en su predicación si adopta un hábito: escribir todo su mensaje. En algún momento de su preparación, escriba su sermón en frases y párrafos completos, independientemente de lo que utilice en el púlpito.

La razón es la siguiente: escribir es pensar. La elaboración de frases y párrafos argumentativos es *el principal medio* por el que nuestro pensamiento se aclara y profundiza. La redacción de un mensaje crea lucidez en usted y, por tanto, (potencialmente) para sus oyentes, un tipo y una calidad de pensamiento que no se puede obtener de ninguna otra manera.

Algunos estudios sociolingüísticos recientes han observado la frecuencia con la que utilizamos metáforas informáticas para hablar (y pensar) sobre el cuerpo humano. Hablamos del cerebro como un ordenador, que accede a los recuerdos almacenados en él, con interruptores de encendido y apagado, programado para responder a determinadas condiciones, etc.

Por desgracia, a menudo hemos llegado a utilizar una mala analogía informática para pensar en la relación entre la escritura y el pensamiento. Para muchos, la escritura es simplemente la manifestación visible en el monitor de lo que ocurre en el disco duro de nuestro pensamiento. En esta analogía, la escritura simplemente revela nuestros pensamientos.

Sin embargo, esto no permite comprender los complejos procesos cerebrales que tienen lugar tanto en la escritura como en el pensamiento. La escritura no se limita a representar procesos de pensamiento. *La escritura es el medio por el que se crea el pensamiento.* Solo a través de la unión de palabras en frases y párrafos se produce realmente el pensamiento. No hay otra manera.

Annie Dillard lo describe maravillosamente de esta forma:

> Cuando usted escribe, traza una línea de palabras. La línea de palabras es como si fuera el pico de un minero, la gubia de un tallador de madera, la sonda de un cirujano. La empuña, y esta cava un camino por el cual seguir. Pronto se encuentra en lo más profundo de un nuevo territorio... La escritura ha cambiado, en sus manos, y en un abrir y cerrar de ojos, de expresión de sus sentidos a una herramienta epistemológica. El nuevo lugar le interesa porque no está claro. Usted asiste. En su humildad, coloca las palabras con cuidado, observando todos los ángulos.[9]

La escritura pasa de ser la «expresión de sus sentidos a una herramienta epistemológica». Es decir, la escritura es el medio para conocer. Por lo tanto, la escritura no es un mero subproducto del pensamiento. Por el contrario, es el medio por el que se puede refinar y clarificar el pensamiento, es decir, comprender de verdad.

¿Qué significa esto para los predicadores? Significa que se puede aclarar y pulir el pensamiento *antes* de subir al púlpito —haciendo el duro trabajo de escribir el camino hacia la comprensión— o bien, hacer el primer borrador del pensamiento frente a la audiencia. Si bien recomiendo la creatividad y la espontaneidad a la hora de predicar, sugiero que la espontaneidad y la escritura no son una cosa o la otra. Por el contrario, tómese el tiempo y haga el esfuerzo de obligarse a pensar a través de la escritura antes de que llegue el domingo. Y luego, de acuerdo con sus hábitos, sus deseos y la guía del Espíritu, predique lo que haya comprendido.

9

Escribir el sermón como si fuera una escultura

Hace unos años, mi esposa y yo tuvimos la oportunidad de conducir por la hermosa Isla Norte de Nueva Zelanda. Además de explorar el impresionante paisaje, una de nuestras aventuras más memorables fue conocer y visitar en privado la propiedad de uno de los escultores más famosos de Nueva Zelanda, Terry Stringer. Cuando reflexioné más tarde sobre esta notable experiencia y leí un poco más sobre la escultura, me di cuenta de que escribir sermones se parece mucho al arte de la escultura.[10]

La escultura —definida como el arte de tallar, modelar o soldar material para formar una obra de arte tridimensional— es una de las formas más antiguas y duraderas de la creatividad humana. El proceso de esculpir implica tanto quitar partes del bloque como el moldeado. La etapa de quitar partes del bloque, en la que uno está trazando la imagen de lo que eventualmente será la forma y la figura, es el trabajo de planificación y visualización más amplio que requiere más tiempo y lucha. El moldeado es el cincelado, la incisión y la abrasión a pequeña escala. El moldeado se produce mediante los pequeños golpes de martillo, poco a poco llevando la forma y la figura a la realidad.

Este doble proceso de esculpir describe bien el proceso de escribir un buen sermón.

Tenemos que quitar partes del bloque y moldear nuestros sermones.

Cuando se encuentra ante una gran pieza de mármol, un escultor debe tener una visión de lo que será la forma final, al menos en general. A medida que se desarrolla el proceso, el escritor de sermones tiene la ventaja de poder reorganizar párrafos y capítulos; el escultor, no tanto. Pero en ambos casos, una visión general, planes para ciertas líneas y cortes, un codo aquí, una nariz allá, son los primeros pasos necesarios. El quitar partes del bloque en la escritura de sermones es un proceso fluido y flexible, pero debe dar lugar a una forma y un bosquejo que guíen el trabajo real de escritura.

Los escultores de la antigüedad solían utilizar una técnica llamada «tallado» para producir una copia de otra escultura. El tallado consistía en construir un marco de madera alrededor de la escultura original y utilizar cuerdas para medir las distancias entre los distintos puntos de la imagen. Este proceso permitía hacer una copia exacta o una proporcionalmente más pequeña o más grande.

Así también, los escritores de sermones pueden y deben trazar la forma general y las relaciones relativas de los puntos entre sí en la obra. Aunque no nos limitemos a copiar, debemos «tallar» nuestro escrito de sermón antes de embarcarnos en su producción. Para mí, esto se traduce en reorganizar constantemente las secciones y movimientos de un mensaje para encontrar el flujo y la estructura adecuados.

Pero también tenemos que hacer otro tipo de redacción de sermones: el cincelado. El cincelado es el trabajo minucioso. Es el modelado del lóbulo de la oreja/la frase, el pie con sandalias/el párrafo. El tallado es colocar la punta del cincel en la cara de la piedra y dar un golpe medido. Y luego hacerlo de nuevo. Y luego otra vez. Y luego otra vez. El cincelado es la reescritura repetida que dará forma a un rectángulo amorfo y lo convertirá en un elegante brazo y un bello rostro.

La vida es ajetreada y exigente. A menudo anhelamos tener más tiempo. Y cuando tenemos un bloque de tiempo amplio, a menudo lo desperdiciamos. La clave para utilizar bien nuestro tiempo de redacción de sermones es encontrar el ritmo adecuado entre el quitar bloques y el moldeado, y darnos cuenta de que gran parte de la buena redacción de sermones se produce a través del cincelado, no de la quita de bloques.

El ritmo es el siguiente: necesitamos grandes bloques de tiempo de vez en cuando para poder establecer la forma, la figura y la orientación de nuestro sermón. Los tiempos de bloqueo —iniciales y luego periódicos— son tiempos dedicados a la lluvia de ideas, a la lectura, a la investigación, a los apuntes, a los esquemas y a la visión.

Pero entonces necesitamos tiempos de cincelado cortos, diarios y consistentes. Aquí nos centramos en las pequeñas porciones de la escritura del sermón, el párrafo y la sección. Si nos sentamos con un objetivo medible y nos limitamos a golpear el martillo de las frases una y otra vez durante un corto período de tiempo, podemos producir mucho.

Lo invito a entrar en el estudio del escultor. Sueñe, imagine, esculpa. Luego, empiece a moldear y siga cincelando. El resultado puede muy bien ser un hermoso sermón de mármol cuyo impacto puede durar más que usted.

10

Redacción de bocados

Estudios recientes del mundo de la nutrición descubrieron algo sobre la alimentación que resulta intrigante y parece contrario a la intuición: comer bocados a lo largo del día es mejor para la pérdida de peso y la salud que comer tres veces al día. ¿Por qué? El acto de comer y la digestión aumentan nuestro ritmo metabólico y, por tanto, quemamos más calorías comiendo más a menudo. Además, necesitamos energía a lo largo del día para las funciones mentales y físicas, por lo que mantener el flujo de nutrientes a través de bocados es mucho mejor que abastecerse en las grandes comidas. La clave está en ser un consumidor estratégico de bocados. No aumente su consumo total de calorías. En su lugar, coma una variedad de alimentos saludables a lo largo del día y reduzca las grandes comidas a solo dos.

Este ejemplo puede servirnos a la hora de escribir sermones en medio de nuestras ajetreadas vidas. Puede que haya uno de cada diez mil predicadores que dedique toda su vida a escribir sermones, pero para la mayoría de nosotros, la preparación de un sermón es una de las muchas responsabilidades con las que hacemos malabarismos a lo largo de la semana: la familia, el liderazgo, la consejería, las relaciones, los pendientes, otras enseñanzas. En consecuencia, solemos tratar de reservar grandes bloques de tiempo para dedicarlos a la preparación de los sermones. Y esto es bueno. Necesitamos algunos episodios para la reflexión, lectura y escritura. Sin embargo, permítame sugerirle que sus sermones estarán más sanos, tendrán mayor vigor y vitalidad, si introduce la escritura estratégica de bocados en su programación semanal.

La dieta y las necesidades de cada persona son un poco diferentes, pero así es como se ve la escritura de bocados de sermones en mi vida:

- Al menos una semana antes de predicar un texto, empiezo a leerlo al menos una vez al día. Pruebo diferentes traducciones y empiezo a meditar sobre el pasaje.
- Comienzo un archivo de notas en una aplicación para tomar notas (yo uso Evernote) titulado simplemente con el texto, por ejemplo: «Gálatas 5:1-15. Notas del sermón».
- A lo largo de la semana soy consciente del texto, y cada vez que pienso en *algo* que pueda estar

relacionado, me tomo el tiempo justo en ese momento para añadir una viñeta en el archivo de Evernote, no importa lo grande o pequeña que sea. Puede tratarse de una posible ilustración, un posible título, ideas sobre lo que podría significar una frase o un versículo concreto, pensamientos sobre la estructuración de todo el sermón, puntos de aplicación, preguntas que me planteo, cualquier cosa. No hay ideas malas en esta fase.

- Hacia la mitad de la semana, me siento a leer varios comentarios, tomando mis propias notas sobre las cosas que pueden ser relevantes para mi sermón. Dependiendo de mi horario, esto puede llevarme un par de sesiones, pero rara vez paso más de una hora sentado.

- Cerca del final de la semana, me pongo más serio y me concentro en plasmar las ideas en forma de notas, ya sea en Evernote o, a menudo, en cuadernos. En este punto no utilizo un documento de procesamiento de textos; quiero que las ideas sean libres y espontáneas, no forzadas en un molde o patrón todavía.

- Finalmente, estoy listo para la gran comida. Para ello (que suele ser el sábado), me siento y escribo en la computadora el primer borrador de todo el

> manuscrito del sermón, basándome en el amplio abanico de notas e ideas que he recogido durante toda la semana. Luego lo dejo a un lado y vuelvo a él más tarde para una segunda comida más pequeña (el domingo por la mañana), en la que me vuelvo implacable conmigo mismo, recortando y añadiendo con la urgencia de un chef apasionado en la noche de apertura de su restaurante.

Usted tiene que determinar su propio horario. Pero la cuestión es que, si bien dedico un tiempo concentrado de «grandes comidas» a la escritura de mis sermones, la mayor parte de mi preparación la dedico a picar estratégicamente a lo largo de la semana. El resultado es: menos estrés y presión para ser creativo y productivo en los limitados grandes bloques de tiempo que tengo. Puedo dejar que la inspiración del tamaño de un aperitivo me llegue a lo largo de la semana. Mis grandes bloques son los tiempos disciplinados de «comer vegetales» que se basan en los tiempos de bocadillos mucho más deliciosos que me salpican a lo largo de mi semana. Pruébelo. ¡Buen provecho!

11

El ritmo de la educación y el rompecabezas

Un modo común de predicación bíblica utiliza una estructura clásica: introducción, declaración de la tesis, exégesis, análisis teológico, aplicación y conclusión. Aunque esto puede ser eficaz en muchos momentos y lugares, no es el único modo de elaborar un sermón. He aquí otras dos metáforas de Ronald Allen —el ritmo de la educación y el rompecabezas—, cada una ofrece su propia visión creativa de la labor de escribir y pronunciar un sermón.[11]

El ritmo de la educación. El influyente pensador del siglo XX Alfred North Whitehead pensó y escribió sobre todo tipo de cosas, desde las matemáticas hasta la metafísica. También observó el patrón de cómo las personas se encuentran e interactúan con un nuevo tema o idea. Describe el crecimiento del conocimiento (educación) como un proceso o *ritmo* que generalmente pasa por tres etapas. En la primera etapa, el romance, la gente siente curiosidad por un tema y empieza a pensar en él con creciente interés y asombro. Es como el comienzo de un romance entre dos personas: fascinación, magnetismo y deseo de saber más. En la segunda etapa, la de precisión, la curiosidad lleva a la comprensión. Se responde a las preguntas y se comprenden las interconexiones con mayor certeza. En la tercera etapa de la educación, la generalización, las personas pasan a considerar cómo este tema preciso se conecta con el resto de la vida: se disciernen patrones; otras áreas de la vida y del pensamiento se enriquecen y profundizan al estar conectadas con el nuevo conocimiento.

Aplicado a la predicación, esto puede proporcionar un marco útil para estructurar y elaborar los distintos componentes del mensaje. El predicador comienza con la etapa de romance, invitando indirectamente a los oyentes a intrigarse en una idea, ayudando a que el tema del texto les llame la atención, quizá por primera vez. Esto puede hacerse de forma eficaz con preguntas bien afinadas que estimulen el interés.

El segundo movimiento del sermón es la etapa de precisión. Es el centro del sermón, en el que el predicador se esfuerza por pasar del interés inicial a una apreciación y conocimiento crecientes de la complejidad e importancia de la idea del texto.

Por último, la etapa de generalización es análoga al giro crucial hacia la aplicación que suelen hacer los sermones, aunque con un mayor énfasis en cómo la idea del sermón se conecta con otros conceptos, verdades y con la vida en general. Este método es una buena manera de estructurar un sermón porque es sensible a cómo aprendemos.

El rompecabezas. Otro enfoque para concebir y elaborar un sermón proviene de la analogía de un rompecabezas. Parte de nuestro aprendizaje se produce de forma sistemática y lineal, sobre todo cuando recibimos educación en un entorno formal: las ideas se presentan de una manera escalonada, piramidal. Pero gran parte del aprendizaje se produce de una forma diferente, más asociativa, al descubrir y conectar datos y pensamientos que experimentamos de forma un tanto aleatoria. Aquí es donde entra en juego el rompecabezas. La experiencia de armar un rompecabezas tiene algunos elementos de un enfoque sistemático, como cuando separamos primero las piezas de los bordes, pero en su mayor parte es un proceso no lineal de descubrimiento. Cuando se toma una de las 1500 piezas del cuadro «Gatos jugando con lana» o «Barcos en el puerto», hay que examinarla, considerarla y luego, si es posible, conectarla con alguna otra pieza o piezas que ya estén acomodadas. Con un análisis complejo, este proceso requiere diligencia y paciencia, pero el placer de hacer descubrimientos y completar el cuadro es muy satisfactorio.

Aplicada a la predicación, la analogía del rompecabezas proporciona un modelo para elaborar y presentar los sermones de cierta manera y de cierto tipo. A veces, un texto habla de un tema complicado que tiene varios puntos y perspectivas que deben ser considerados cuidadosamente, como las cuestiones de economía, raza, género o sexualidad. En lugar de tratar de hacer un argumento simple y lineal, un enfoque de rompecabezas podría liberar al predicador para reconocer y explorar esta complejidad en el camino de pintar un cuadro útil y claro. Se pueden sostener y examinar varias ideas diferentes antes de unirlas. En este tipo de sermón, lo mejor será hacer tres movimientos: enmarcar el tema (juntar las piezas de los bordes); explorar varios temas distintos (examinar piezas que pueden parecer no estar conectadas); y completar el cuadro (mostrar cómo encajan todas las piezas).

Ninguna metáfora o enfoque para escribir y pronunciar un sermón excluye a los demás. Hay muchas formas útiles de concebir la tarea de la predicación. Las metáforas del ritmo de la educación y del rompecabezas ofrecen alternativas útiles a los modelos más tradicionales, alternativas que pueden ser particularmente útiles para ciertos textos y temas.

12

Destruya sus borradores

Seré el primero en admitirlo: «destruya sus borradores» es una afirmación fuerte y violenta, y no una que normalmente se pronunciaría en un libro sobre la predicación. Pero tiene que ser una afirmación fuerte para comunicar el tema en cuestión.

¿Qué borradores debe destruir para crecer como predicador? Los suyos. No todos: no estoy alentando a que se predique sin algo escrito, reemplazando los sermones con parodias. Pero si quiere ser un predicador eficaz, entonces muchas de las palabras que cree que hay que decir, que parecían tan buenas y perfectas e inteligentes en el primer borrador de su sermón, deben ser desechadas. Y si su alma se resiste a lo que acabo de decir, entonces le garantizo con mayor razón que tiene un montón de borradores que *deben ser destruidos*.

¿Por qué? Después de todo, ¿no somos artesanos de la Palabra? ¿No estamos llamados a predicar sermones sustanciosos y profundos? Sí. Pero cuando se trata del contenido de la predicación, a menudo menos es más. Si su objetivo es comunicar eficazmente, persuadir, animar, ser un predicador que da vida, probablemente necesite decir menos de lo que cree. Los sermones largos y locuaces son el hábito de los inmaduros, no de los maduros. Son un indicador de pereza en la preparación, no de un trabajo hábil.

Anne Lamott, una brillante novelista y autora de un gran libro sobre la escritura (*Bird by Bird*), señala que «todos los escritores que conozco escriben primeros borradores realmente terribles, pero siguen escribiendo. Ese es el secreto de la vida».[12] Los borradores son las palabras producidas con esfuerzo. Escribir nuestros pensamientos mientras nos preparamos para predicar es necesario para tener claridad y poder de persuasión. Pero rara vez, o nunca, un primer borrador será la mejor y más eficaz forma de esos pensamientos. El primer borrador sería como los bloques de construcción y los andamios, pero no la casa amueblada de su sermón.

Es necesario pasar por una fase de construcción desordenada para llegar a un hogar habitable. Pero todo ese desorden del primer borrador debe ser limpiado —muchos borradores deberían eliminarse— si vamos a invitar a nuestros oyentes a la hermosa casa de la Palabra viva predicada.

A menudo les he dicho a los predicadores jóvenes —aquellos especialmente propensos a ser ansiosos por comunicar toneladas de información— que si suben al púlpito con dieciocho puntos, ¿adivinen con cuántos puntos se irá a casa su congregación? Cero.

Un buen sermón tendrá algunos movimientos distintivos y un puñado de grandes observaciones, pero demasiadas ideas y demasiadas palabras tendrán un efecto contraproducente. Mi mecánico no me enseña todas sus herramientas ni me explica cómo funcionan los frenos cuando necesito un nuevo compresor de aire acondicionado. Un chef no muestra las glorias de su colección de batidores de dieciséis piezas, sino que elige la herramienta adecuada y prepara la comida justa. Su trabajo consiste en ayudar a sus oyentes a mantenerse en el camino, en darles una buena comida. Unas pocas reflexiones profundas, escogidas entre las muchas que ha producido en su estudio y primer borrador, bien desarrolladas e ilustradas, pueden constituir el mayor regalo que podría dar a su congregación.

Entonces, ¿qué hace? Sea valiente. Reduzca sus palabras. Tome ese manuscrito de sermón y haga menos puntos con menos palabras, bien estructuradas y trabajadas. Tendrá otros sermones que predicar. Incluso si tiene lo que parece ser una gran introducción o una ilustración divertida o una cita que le apasiona, si está desordenando la claridad de su sermón y haciéndolo demasiado largo y complicado, hágase un favor a sí mismo y a su congregación: destruya sus borradores.

13

La predicación iceberg

Los icebergs tienen una mala reputación. A pesar de ser el hogar de muchos osos polares y focas de puerto, su principal connotación durante los últimos cien años ha sido «el hundimiento del Titanic». Esto es entendible. Una destructiva montaña flotante de hielo compactado es bastante intimidante, especialmente si usted está en un barco en el Atlántico Norte.

Relacionar los icebergs con la predicación tampoco es un pensamiento muy positivo. Cualquier cosa helada y fría tendrá especialmente connotaciones negativas cuando se relaciona con la predicación. «La predicación iceberg» puede sonar como un consejo para aplastar a la gente con el frío peso de la doctrina o del moralismo.

En cambio, me gustaría sugerir que estas islas flotantes de agua dulce nacidas en los glaciares tienen algo que enseñarnos sobre la vida de la predicación cuando consideramos cómo se forman los icebergs. Los icebergs nos ayudan a pensar en los sermones en términos de peso y gravedad.

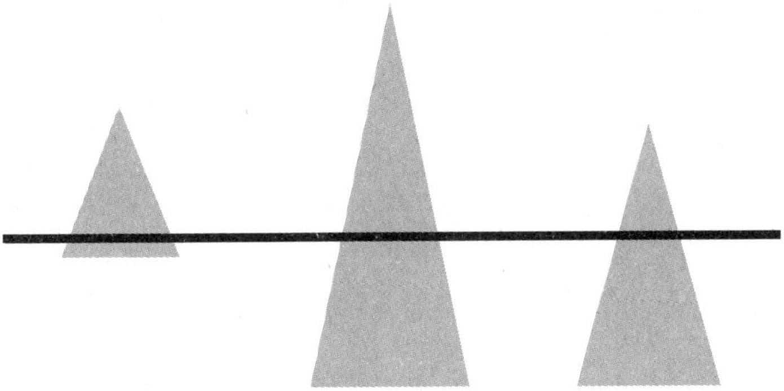

Para explicarlo, consideremos tres representaciones de lo que podría ser un iceberg.

En el primer triángulo de arriba, la parte visible por encima de la línea de agua forma casi la totalidad del iceberg. En el triángulo del medio, la parte subacuática es aproximadamente igual a la que se ve por encima del agua. En el tercer triángulo —el que más representa la forma real de los icebergs del Ártico— lo que se encuentra bajo el agua es la mayor parte de la masa del iceberg, mientras que la punta visible es relativamente pequeña. Esta tercera forma es la que hace que el intento de navegar por aguas llenas de icebergs sea especialmente complejo, como sabemos por aquel famoso viaje de 1912.

¿Cómo se relacionan estas imágenes con la vida de la predicación? Cada una de ellas representa la relación entre el predicador y el sermón de una manera diferente. La línea de agua representa la división entre lo público y lo privado, el interior y el exterior del predicador:

- En la primera imagen, el sermón representa todo lo que el predicador es y sabe. Su conocimiento es limitado desde el punto de vista bíblico, teológico y de la experiencia. El sermón y el conocimiento del predicador son inseparables. El sermón es un compendio de frases y citas de otras personas.
- En la imagen del medio, el sermón y el conocimiento subyacente son grandes. Este conocimiento está arraigado en la profundidad del aprendizaje. La altura de la punta es posible gracias a los años de hielo de conocimiento que hay bajo la superficie. El sermón es complejo, pues expone seis puntos, cada uno con cuatro subpuntos y referencias a tres opiniones eruditas diferentes.
- En la tercera imagen, el sermón se siente accesible, pero tiene una profundidad y una estabilidad invisibles. Este sermón deja a los oyentes con una idea clara de lo que se ha dicho y un corazón que busca y se hace preguntas.

Nuestra vida de predicación debería parecerse a la tercera imagen, una imagen real de un iceberg. Toda analogía se rompe en algún punto, por supuesto, y no estoy sugiriendo que la buena predicación deba contener bordes dentados ocultos que engañen y hundan a la gente. Todo lo contrario, la cuestión es que solo la tercera imagen combina lo que se necesita para la comunicación eficaz: *la sencillez en la predicación está arraigada en la profundidad de la comprensión.*

La parte no vista de nuestra predicación proporciona un lastre y una gravedad, una sensación de peso y significado que falta en la primera imagen. Al mismo tiempo, este peso no aparece en la superficie del sermón. Cuando un sermón es demasiado pesado por encima de la línea de flotación, el resultado no es una mayor eficacia sino una menor.

Un gran sermón es sencillo y claro, basado en la complejidad y la profundidad. La sencillez sin profundidad flotará sin rumbo y se deteriorará. La complejidad sin claridad refleja inmadurez. La claridad simple arraigada en el conocimiento y la experiencia del tamaño de un iceberg hace una montaña poderosa y accesible.

Entonces, ¿cómo lograr una predicación de iceberg? «Sumergiéndose en las profundidades». Entréguese al estudio y al aprendizaje, tanto formal como informal. No se conforme con un conocimiento superficial de un tema, aunque sepa la respuesta correcta y aquello complazca a su público. Cultive una mente y un alma curiosas y despiertas, siempre en constante aprendizaje, investigación y trabajo duro. Si se ha acomodado en la rutina y ya no está aprendiendo como predicador, es hora de retirarse o de buscar otro trabajo.

En la superficie —la predicación propiamente dicha del sermón— esfuércese por hacer que sus mensajes sean sencillos y claros. No se conforme con solo dar datos profundos a su gente. Los sermones demasiado complejos revelan pereza, no inteligencia. Entre el estudio y el púlpito debe haber un fuerte filtro, en el que la mayor parte de lo que se sabe sea filtrado y pulido en un mensaje claro y puro.

Deberíamos anhelar dar forma a nuestros sermones como hermosas montañas de agua que tienen un peso profundo y oculto. Esta es la predicación iceberg.

14

«Este sermón apesta»

Apenas recuerdo un sábado por la noche en mis primeros quince años de predicación (y varias veces desde entonces) en el que no haya experimentado la desesperante y abrumadora sensación de que «Este Sermón Apesta» (ESA).

A veces era más devastador que otras, pero siempre me aquejaba esta sensación de alguna forma. Creo que en las raras ocasiones en que *no* experimenté aquel ESA el sábado, mi sermón no fue muy bueno el domingo. Llegué a comprender que ESA era inevitable, y que prefería que ocurriera el sábado por la tarde, cuando todavía había tiempo para cambiar algo, que el domingo por la tarde, cuando ya no lo había.

Al reflexionar sobre este fenómeno, un par de preguntas importantes me han desafiado:

1. ¿Por qué experimenté tan a menudo la sensación de ESA?

2. ¿Cuál es la relación, si es que hay alguna, del ESA con un buen sermón?

La respuesta a la primera pregunta tardó mucho en llegarme, y lo hizo de una forma inesperada. Como director del programa de doctorado de nuestra escuela, imparto una clase a todos los nuevos estudiantes sobre la vida del académico, incluidos los retos de la escritura académica. Esto me ha dado la oportunidad de reflexionar sobre mis propias luchas para escribir con coherencia. Al mismo tiempo, mi esposa, que es una artista profesional del mosaico, ha emprendido su propio viaje para comprender las luchas típicas del artista para producir obras de arte. Todas estas luchas y experiencias se juntaron cuando aprendí sobre los seis pasos del proceso creativo. Aquí están:

1. Esto es impresionante.
2. Esto es complicado.
3. Esto apesta.
4. Yo apesto.
5. Esto podría estar bien.
6. Esto es impresionante.

Estos seis pasos un tanto cómicos describen el gráfico en forma de U de la experiencia emocional de cualquiera que se dedique a crear algo. El interés y el potencial están ahí al principio (Paso 1), pero cuando empieza a trabajar en algo, se da cuenta de que es más difícil de lo que pensaba (Paso 2), y luego lo que ha intentado crear no es tan bueno en realidad (Paso 3), lo que le lleva a la desesperación y a cuestionar su propio valor y capacidad (Paso 4). Es increíblemente fácil abandonar en este punto, y todos los artistas y escritores tienen montones de proyectos inacabados que descarrilaron en este paso, a veces con razón, pero otras no. Pero si lo sigue intentando y perfeccionando, puede empezar a encontrar su equilibrio nuevamente (Paso 5). Finalmente, produce algo que, si no es exactamente «impresionante», es algo que vale la pena hacer (Paso 6).

Todo esto que experimenté en la escritura de sermones —que es un acto creativo, independientemente de que se haya dado cuenta o no— fue increíblemente vivificante porque finalmente entendí *por qué* experimentaba tan a menudo el desalentador ESA en la predicación de sermones. El ESA es el inevitable paso 3 y 4 del proceso creativo.

Y esto responde a la segunda pregunta, que va de la mano con la anterior: ¿Cuál es la relación del ESA con un buen sermón? La respuesta a esto se hizo evidente tanto en la experiencia como en la teoría. El ESA es realmente inevitable si se quiere producir un buen trabajo, porque el trabajo creativo es un proceso de lucha hacia lo bueno. A pesar de lo frustrante que pueda ser, sin aquello no se puede producir realmente nada sustancial, como pueden atestiguar todos los escritores, artistas y otros tipos de creadores.

Entonces, ¿qué significa esto como un pequeño paso hacia una mejor predicación? Simplemente —bueno, no tan simplemente porque es emocionalmente difícil— abrazar el proceso creativo. No hay que resentir el viaje semanal del ESA. El doloroso sube y baja del proceso es el necesario fuego que refina el impuro metal mezclado de sus ideas en plata pura que puede ser trabajada en un fino elemento para el diamante del evangelio. El elemento ESA nunca desaparecerá del todo, pero se hará más fácil con los años, sobre todo cuando se llegue a comprender lo que realmente sucede en ello. Espere y acepte el proceso. Considérelo como el precio que debe pagar para ser utilizado por Dios, el regalo profundo y secreto que da a su congregación cada semana.

La práctica de la predicación

15

El primer minuto de un sermón

Todos hemos disfrutado del diverso y salvaje mundo de YouTube. Hay un video para todo, ya sea para aprender a purgar el núcleo del calentador de un Mazda RX8 del 2004, para entender la diferencia entre los violonchelos barrocos y los clásicos o para ver videos de malas versiones de lecturas de labios en la NFL, por nombrar solo algunas de mis propias últimas vistas.

Recientemente he visto otra cara de YouTube como productor de un programa.[13] La «parte trasera» de YouTube es su potente modo de «análisis de los vídeos» que muestra datos asombrosamente detallados a las personas que crean y suben vídeos. No voy a asustarlo con lo espeluznante que es la información demográfica que obtienen de usted cuando hace clic en un vídeo, pero sí señalaré una cosa interesante que he aprendido: la mayoría de la gente toma una decisión instantánea en unos pocos segundos sobre si va a seguir viéndolo. Luego, otras ventanas mentales de interés comienzan a cerrarse a medida que pasa el tiempo. Si a usted y a mí no nos engancha de inmediato un video en particular, ya sea por su calidad, por la falta de relevancia percibida o por algo que nos haya desanimado, muy rara vez le dedicaremos un minuto completo de nuestro tiempo.

Esto se debe a que el cerebro humano tiene el enorme y agotador trabajo de analizar las innumerables señales que recibe de nuestra red neuronal. Nuestro cerebro tiene que tomar decisiones sobre a qué prestar atención. Las cosas que no tienen sentido, son irrelevantes o están mal hechas serán generalmente juzgadas, ignoradas y olvidadas. Y todo esto ocurre en cuestión de segundos.

Ahora bien, algunos pueden lamentar la disminución de la capacidad de atención de las generaciones más jóvenes, y es cierto que el modo rápido de las tecnologías basadas en una pantalla puede disminuir nuestra atención. Pero aquí estamos hablando de algo que es más que generacional; es biológico.

Si sigue leyendo, entonces he hecho un trabajo decente de lo que quiero que se lleve de este ensayo. Lo que he escrito le ha llevado menos de un minuto de lectura. Si sigue conmigo, entonces debo haber dicho suficientes cosas interesantes, relevantes y comprensibles para que siga con esta lectura.

He aquí por qué todo esto es importante. Ese primer minuto de su sermón es absolutamente crucial para su eficacia homilética. Sí, cada persona tiene una capacidad de atención diferente. Sí, algunas personas lo escucharán con diligencia y atención, aunque su primer minuto no sea muy atractivo. Sí, algunas personas se distraerán o serán apáticas independientemente de lo bien elaborado que esté su primer minuto. Sí, en última instancia el Espíritu Santo puede hacer lo que quiera a través de la predicación de la Palabra.

No obstante, aún podemos reconocer que desde una perspectiva retórica, homilética, pedagógica y neurológica —digámoslo así, una perspectiva humana— ese primer minuto de su sermón importa mucho. Como predicador, es su responsabilidad elaborar el inicio de su sermón con la intención de captar y mantener la atención de las personas que se distraen fácilmente al escuchar su voz. He aquí algunos consejos para el primer minuto.

Lo que no debe hacer:

- Subir al púlpito sin haber visto las cuestiones técnicas: compruebe antes de que comience el servicio que su micrófono funciona y que el podio está a la altura correcta, que sabe cómo se verán las luces en sus ojos y en su manuscrito cuando esté hablando, etc. Elimine las distracciones que dificulten su apertura homilética.
- Empezar con actividades que hacen perder el tiempo y la atención, como encender el micrófono,

quitarse el reloj, beber agua; haga todas estas cosas antes de entrar en el lugar o no las haga.

- Empezar con comentarios autodespectivos, como que no es un gran predicador o que no es tan bueno como otro. No solo son contraproducentes para su objetivo y su vocación en la predicación, sino que también es casi seguro que provienen de una inseguridad que necesita ser aplacada, no de sabiduría y fortaleza.

- Empezar hablando de cualquier cosa que no sea su sermón. A menudo los oradores invitados pierden un tiempo precioso agradeciendo y alabando a sus anfitriones. Lo entendemos. No lo necesitamos. Empiece a predicar.

- Menospreciar a su audiencia de cualquier manera. Los alumnos adultos se retirarán rápidamente de la participación activa si se sienten ofendidos. Se cerrarán.

Lo que debe hacer:

- Comenzar a predicar inmediatamente.

- Escribir y memorizar o casi memorizar sus párrafos iniciales. Sus primeras palabras son de vital importancia, así que elabórelas bien y conózcalas para poder mirar directamente a su audiencia. Además, sonría.

- Empezar con una pregunta reflexiva, que atraiga la atención de los oyentes de forma genuina (véase también el capítulo 19, «El poder de las predicciones»).
- Tener la costumbre de empezar con algo humorístico, intrigante y/o personal. La gente está decidiendo (normalmente de forma inconsciente) si le gusta, si pueden confiar en usted, si quiere escucharlo. Todas las cosas que haga en el primer minuto contribuirán a ese juicio y, por tanto, a que se abran a la Palabra de Dios que usted está allí para presentar.

Así que dé el pequeño paso de trabajar duro en ese primer minuto de su sermón. Esta pequeña inversión produce grandes dividendos.

16

El último minuto de un sermón

«Mejor es el fin de un asunto que su comienzo», comenta el sabio de Eclesiastés (7:8, NBLA), un tanto cínico. Los retóricos y los predicadores estarían de acuerdo en esto, al menos en parte. Tanto el principio de un sermón como su final son las partes más importantes en términos de impacto y memorización. Sabemos que de las aproximadamente tres o cuatro mil palabras de un sermón de treinta y cinco minutos, el cerebro promedio solo absorbe un pequeño porcentaje de forma duradera. Las ilustraciones vívidas y las historias personales tienen una buena oportunidad. Lo que diga en los primeros y últimos minutos de su sermón tiene una oportunidad primordial. La mayor parte se olvidará. Así que prestar atención a ese último minuto es realmente importante.

Diferentes predicadores tendrán diferentes filosofías y hábitos con respecto a cuánto planifican y escriben lo que van a decir en el sermón, desde manuscritos completos hasta solo puntos principales anotados. Eso está bien. No obstante, todos los predicadores deben ser reflexivos, ordenados e intencionales con respecto a cómo gastan el último minuto del sermón. Además de no esperar hasta el último minuto para pensar en su último minuto, aquí van algunos consejos sobre lo que no se debe hacer y lo que se debe hacer para mejorar.

Lo que no debe hacer:

- No aterrizar el avión. Hay pocas formas peores de arruinar un sermón, que terminar débilmente, sin claridad, sin un final específico. De hecho, he escuchado a un predicador terminar con: «Bueno, eso es todo lo que tengo que decir». Un sermón no es una conversación informal. Es una experiencia comunicativa elaborada intencionadamente. No vuele con su sermón hasta quedarse sin gasolina y evidentemente se estrelle. Aterrice el avión con combustible en el tanque y con la seguridad de los pasajeros en mente, sabiendo dónde quiere terminar. Así que, hágalo.
- Sorprender a sus oyentes porque ya acabó su sermón. Deben recibir pistas verbales y no verbales de que está llegando al final. Indique a sus oyentes que está a punto de terminar con, quizá, una lista de cuántos puntos de aplicación tiene o utilizando

expresiones como «Finalmente» o «Para concluir con todo esto». (Pero solo siempre y cuando esté realmente cerca del final. No diga estas cosas cuando queden diez minutos. Yo he sido culpable de eso, como mi esposa e hijos me han señalado antes).

- Introducir nuevas ideas o nuevos argumentos en el último momento. Puede utilizar una nueva ilustración final, aunque asegúrese de que no lleva el sermón en una dirección totalmente diferente. Esto puede distraer y estimular pensamientos que no ayudan a los oyentes a sentir el final. Es mejor en ese último minuto reiterar lo que ha estado diciendo y dirigir a la gente a Dios en Cristo con la claridad familiar y la esperanza que da vida.
- Concluir su sermón con una «oración» que en realidad no se dirige a Dios, sino que reitera sus tres puntos a la congregación. «Señor, ayuda a estas personas a recordar que (1) debemos...». Esto no es una buena oración, ni una buena predicación.

Lo que debe hacer:

- Recordar que cada sermón es una historia, por lo que el final debe ser tan elaborado e intencionado como el principio (véase el capítulo 20, «Cada sermón es una historia»).

- Apuntar al corazón en aplicaciones muy concretas. No diga solo trivialidades. A menudo dedico los últimos cinco o siete minutos de un sermón a aplicar mi punto de vista a las situaciones de la vida real de los adolescentes, los jóvenes casados, los jubilados, los apáticos, los alegres, los deprimidos, los quebrantados o los que se enfrentan a un dolor crónico.
- Escribir su final. Al igual que el primer minuto de su mensaje, el último es esencial en términos de impacto general, así que no lo deje al azar ni a la pereza. Sea intencional y escriba lo que dirá, prestando atención al contenido, la forma y la calidad de sus palabras.
- Terminar con una nota positiva y atrayente. Si termina con una palabra negativa, la congregación saldrá del lugar contenta de que el sermón haya terminado y se marchará dejando ahí el mensaje, no en sus corazones ni en sus mentes, sino huyendo de su incomodidad.
- Unir el punto de todo el mensaje. Su gran idea —contenido y aplicación— debe ser lo último con lo que se vayan. Durante el almuerzo deben ser

> capaces de repetirse unos a otros cuál fue el punto de su sermón. El último minuto es el mejor lugar para implantarlo en sus corazones.

Usted está leyendo las últimas frases de este ensayo porque los finales son importantes.

Así que dé el pequeño paso de predicación de terminar bien sus sermones.

17

Predicar el calendario eclesiástico

Los seres humanos han ideado formas de controlar el tiempo desde que tenemos registro, desde estructuras megalíticas como Stonehenge, pasando por mecanismos de relojería chinos, persas y romanos, hasta llegar a la elección entre los calendarios de «Coches clásicos» y «Gatitos en cestas» en el quiosco del centro comercial en Navidad.

Hoy en día, hay diversas formas de organizar nuestro calendario, cada una enmarca nuestra experiencia del tiempo de manera particular. Tenemos el año escolar, con las rebajas de regreso a clases, los descansos por vacaciones y las graduaciones. Tenemos el año fiscal, en el que las empresas y otras organizaciones hacen un seguimiento de las finanzas por trimestres, terminan y comienzan nuevos ciclos presupuestarios, a menudo en julio. Tenemos varios días festivos, muchos de los cuales implican viajes para ver a la familia o a ciertos destinos turísticos. Todas estas maneras están arraigadas en las culturas y subculturas en las que se practican. Empezar las clases en agosto le parecería tan raro a un estudiante australiano como ir a Disney World durante las vacaciones de Semana Santa a un afgano.

Vemos a lo largo de la Biblia que al pueblo de Dios se le indicó que organizara su tiempo reconociendo y celebrando tanto épocas y estaciones especiales como días santos (de ahí la palabra inglesa para fiesta: *holiday*). Por ejemplo, en los días catorce y quince del mes de *Nisán* se celebraba la Pascua, en donde se recuerda la liberación del pueblo de la esclavitud en Egipto por parte de Dios. En el mes de Tisrí se celebran las importantísimas fiestas de Yom Kipur (Día de la Expiación) y Sucot (la Fiesta de los Tabernáculos). Las fiestas judías posteriores incluyen Purim, el 14 de Adar, que recuerda la historia de Ester, y Januká, el 25 de Quisleu, que celebra la rededicación del templo en el año 164 a. C. Y, por supuesto, siguiendo el modelo de la propia creación, Dios estableció un día de los siete para que fuera el Sábat, un día de descanso diferente a los demás días de trabajo.

¿Cómo se relaciona todo esto con nuestra vida de predicación? Siguiendo este patrón humano bíblico y universal de observancia del tiempo y las estaciones, la Iglesia desde sus primeros días ha reconocido diferentes días y estaciones para organizar nuestras vidas. Con el tiempo, esto se convirtió en un complejo y hermoso calendario eclesiástico. Aunque este calendario eclesiástico no es una nueva ley que deba observarse como parte del nuevo pacto en Cristo (véase Gá. 4:10; Col. 2:16), la Iglesia ha reconocido desde hace tiempo el valor y el beneficio de organizar nuestras vidas cristianas en torno a la historia de Cristo. El calendario eclesiástico proporciona un ritmo de vida que pretende recordar a los creyentes la obra salvadora de Dios en Cristo y guiar y moldear la sensibilidad y los afectos de los cristianos.

Las estaciones del año marcan diferentes partes de la historia de Jesús: la predicción y el nacimiento (Adviento), el tiempo de sufrimiento y muerte (Cuaresma), el tiempo de resurrección (Pascua), el tiempo de la entrega del Espíritu (Pentecostés). Entre estos tiempos específicos existe también el «tiempo ordinario», y a lo largo del año, domingos específicos honran diferentes verdades históricas y teológicas del cristianismo (Domingo de la Trinidad, Domingo del bautismo del Señor, etc.). No importa de qué tradición vengamos, todos podemos reconocer que observar días especiales tiene sus ventajas. Después de todo, casi todos los cristianos se han reunido siempre en domingo (en lugar de otro día cualquiera de la semana) para conmemorar el día en que Jesús resucitó de entre los muertos. Del mismo modo, los cristianos observan regularmente, como mínimo, los días especiales de Pascua y Navidad.

El punto para nuestra predicación y nuestra vida eclesiástica es el siguiente: independientemente de sus prácticas anteriores, considere los beneficios de incluir en el programa de predicación ciertas prácticas del calendario eclesiástico. Estas están diseñadas para ayudar a los creyentes a recordar y conmemorar su identidad como cristianos. Las prácticas más evidentes que la mayoría de la gente ya celebra son la Navidad, el Viernes Santo y la Pascua. El siguiente pequeño paso para algunos serían los cuatro domingos de Adviento (un tiempo de preparación antes de la Navidad) y el Jueves Santo (la Última Cena y el lavado de los pies de los discípulos por parte de Jesús). También es beneficioso incluir la Cuaresma (un tiempo sombrío de preparación para la Pascua), el Domingo de Pentecostés, el Domingo de la Trinidad y la Epifanía (el duodécimo día de Navidad que conmemora la llegada de los magos).

La observancia de estos días y temporadas especiales no es una amenaza para la predicación regular de los libros de la Biblia, un énfasis particularmente fuerte en la mayoría de las tradiciones evangélicas. Predicar ciertos textos en días especiales puede ser una buena disciplina y también puede proporcionar un recordatorio útil de las verdades bíblicas fundamentales y de la historia de Jesús en medio de cualquier otra serie de sermones. Además, si no quiere dedicar todo el sermón a una festividad en particular, puede utilizar otros aspectos del servicio de culto —lecturas, oraciones, confesiones, etc.— para resaltar los domingos y temporadas especiales. Las iglesias son libres de adoptar el calendario eclesiástico en la medida en que lo deseen, y de encontrar a las personas donde están y llevarlas al siguiente paso según las costumbres locales y denominacionales. En definitiva, el calendario es un regalo que ayuda a remodelar nuestras sensibilidades y a reorientar nuestros corazones hacia la presencia de Dios en el mundo a través de Cristo.

18

Predicar el calendario cultural

Ya sea que lo interpretemos como una simple diversión o, cínicamente, como puro *marketing*, ahora tenemos un «Día Nacional de...» para casi todo. Lo sepa o no, hoy puede ser el Día Nacional de los Panqueques de Arándanos, el Día Nacional de Agradecimiento por el Plástico de Burbujas, el Día Nacional de las Fuerzas de Seguridad, el Día Nacional del Hojaldre de Crema o el Día Nacional de Vestir a su Mascota (estos son solo algunos de enero).

Es probable que ninguno de estos ejemplos afecte a lo que se predica o a cómo se planifica un servicio dominical. Pero otros días especiales que forman parte de la cultura de cada uno se entrelazan en lo que ocurre en la iglesia, ya sea por tradición no examinada, por presión externa o por intencionalidad pastoral. ¿Debe predicar un sermón dedicado a días especiales como el Día de la Madre, el Día del Padre o el Día de Acción de Gracias?

¿Qué tal el Domingo de la Santidad de la Vida, el Domingo de la Adopción del Día de Martin Luther King Jr. o el Domingo de la Iglesia Perseguida? ¿Qué tal el Día de los Veteranos, el Día de los Caídos, el Día de la Independencia o el Día del Trabajo (quizás con Mt. 20:1-16 como texto)?

No hay una respuesta clara, correcta o incorrecta, pero las decisiones deben tomarse con sabiduría, teniendo en cuenta la propia subcultura y las tradiciones de la iglesia local y confesional. No es necesario argumentar en términos absolutos a favor o en contra de la inclusión de un determinado domingo especial. Se trata de sucesos de *adiáfora* (cuestiones no esenciales para la fe). Pero sí necesitamos intencionalidad. Hay que evitar los extremos en ambos lados; no hay que ganar una insignia de honor santurrón por ignorar por completo el calendario cultural, ni tampoco supongamos que se debe seguir honrando una fiesta y de la misma manera que fue honrada en el pasado. Los pastores y los líderes de las iglesias deben reflexionar sobre los domingos que quieren observar y por qué, explicando sus decisiones a sus congregaciones cuando sea necesario.

¿Cuáles son los pros y los contras de celebrar un determinado domingo especial? Una de las desventajas es que si una iglesia honra ciertos domingos, esto puede terminar consumiendo gran parte del calendario de la iglesia, especialmente si la iglesia también utiliza aspectos del calendario del año eclesiástico (véase el capítulo 17, «Predicar el calendario eclesiástico»). Si una iglesia se dedica a la *lectio continua*, en la que los libros de la Biblia se predican en secuencia, demasiados domingos especiales pueden interrumpir la valiosa continuidad de esta práctica. También en la experiencia, si una iglesia reserva varios domingos especiales, algunos feligreses pueden empezar a presionar para que se incluya un domingo que sea especial para ellos. «Tuvieron el Día de los Veteranos, ¿por qué no el Día de los Caídos?». «Observaron el Domingo de la Santidad de la Vida, ¿por qué no un domingo de reconciliación racial?». Entiendo que a un pastor le resulte más fácil no observar ningún domingo especial para evitar esta situación potencialmente incómoda y conflictiva.

Sin embargo, hay razones para honrar los domingos especiales que vale la pena considerar. Es bueno y apropiado predicar ocasionalmente sermones temáticos o teológicos, incluso si la iglesia de uno se dedica a la exposición bíblica como modo homilético principal. La historia de la Iglesia atestigua la inclusión regular de sermones que ayudan a la gente a entender verdades grandes e importantes que requieren una comprensión de la Biblia en su totalidad. Así que pensar en la maternidad, la paternidad, la crianza de los hijos, las cuestiones de la muerte y el recuerdo, incluso las cuestiones de la guerra y la identidad nacional son todos usos buenos y apropiados del sermón. La predicación y la Biblia deben aplicarse a toda la vida, ayudando a la gente a pensar y vivir bíblicamente. Prestar atención a lo que se destaca en ciertos domingos proporciona una oportunidad primordial para instruir y formar a nuestros oyentes. También es bueno y apropiado, dentro del reino de Dios, dar honor a quien lo merece y alentar a los necesitados, ya sean veteranos, madres, otras etnias o quienes sufren por la fe.

Manejar bien algunos domingos especiales requiere un espíritu sabio y sensible. La generación actual es más sensible que en el pasado a la experiencia generalizada y dolorosa de la infertilidad. Sin embargo, esto no significa que el Día de la Madre deba evitarse o disculparse: las madres siguen siendo dignas de honor, aunque no todas las mujeres puedan ser madres. El pastor debe ser consciente de las emociones encontradas en la congregación y hablar sabiamente a ambas partes.

Es cierto que hay muchos malos padres que han marcado a sus hijos, y algunos en nuestras congregaciones son huérfanos. Pero los padres también necesitan estímulo y exhortación, y la paternidad de Dios es un tema bíblico central, digno de ser destacado.

Algunos congregantes (especialmente los menores de treinta años) pueden ser hipersensibles a un nacionalismo agresivo —con razón—, pero aquellos que han servido como veteranos y que han dado su vida al servicio de la patria siguen siendo dignos de ser honrados y recordados.

En todo esto, la clave es la sabiduría. Para cualquier domingo especial, una solución es utilizar otras secciones del servicio de adoración en lugar del momento del sermón para señalar la ocasión. Haga una oración, una lectura o un reconocimiento que honre el domingo especial mientras se lleva a cabo el resto del servicio con normalidad.

19

El poder de las predicciones

¿Qué cree que voy a argumentar en este ensayo? ¿Qué tiene nuestro cerebro para que hacer preguntas sea tan importante?

¿De qué cree que puede servir hacer preguntas en sus sermones?

«Ya veo lo que ha hecho», podría ser tu reacción ahora mismo. No pasa nada. Empiezo este ensayo haciéndole preguntas que le invitan a predecir las respuestas. Lo hago porque hay un gran poder en las preguntas predictivas. Y eso es lo que voy a argumentar: una pequeña forma de mejorar en gran medida la eficacia de sus sermones es hacer preguntas predictivas reflexivas y estimulantes.

Retrocedamos un poco. En el increíble libro de James Lang, *Small teaching* (véase la Introducción), él analiza varios estudios realizados por especialistas en educación y aprendizaje sobre el poder de la predicción. La idea —respaldada por estadísticas impresionantes— es que cuando se invita a los alumnos a predecir las respuestas a las preguntas sobre el material que van a aprender, su comprensión y retención mejoran significativamente. Por ejemplo, los estudiantes a los que se les hace una prueba previa antes de presentarles un material completamente desconocido en una clase de Apreciación Musical acaban rindiendo significativamente mejor en los exámenes posteriores que los que no hacen la prueba previa. O bien otro ejemplo: en una clase de literatura, los alumnos a los que se les pide a mitad de la lectura de *Moby-Dick* que adivinen lo que vendrá a continuación y cómo se comportarán los personajes, captarán y participarán en la historia con mayor profundidad.

¿Por qué el acto cognitivo de predecir profundiza el aprendizaje? Como señala Lang, nuestros cerebros no almacenan la información como si fuera una carpeta de archivos, en el que el conocimiento se guarda y recupera simplemente en paquetes aislados. Todo lo contrario: nuestros cerebros funcionan más bien como redes, con un entramado de ideas, conceptos, hechos y experiencias que están conectadas entre sí. El conocimiento es la «red de conexiones que tenemos entre las cosas que conocemos».[14] Cuando hacemos intentos de predicción, nuestra mente busca de forma natural conexiones con lo que sabemos y hemos experimentado que nos ayuden a adivinar lo que puede ocurrir a continuación. Esta actividad estimula al cerebro a establecer nuevas conexiones, ampliando la red neuronal. Esto es lo que llamamos *aprendizaje*.

¿Qué tiene esto que ver con nuestra predicación? Probablemente ya ha predicho cuál es la aplicación directa: aprenda a hacer preguntas reflexivas que inviten a sus oyentes a reflexionar y anticiparse a lo que usted está discutiendo. Esto puede adoptar muchas formas. A veces comienzo un sermón con una pregunta que pide a mis feligreses que consideren lo que harían en una determinada situación. O al trabajar el argumento de un texto paulino, hago una pausa y pregunto: «¿Qué es lo que va a decir Dios a continuación?». O al volver a contar una poderosa narración bíblica, me detengo en el punto álgido de la historia y digo: «¿Qué cree que va a pasar?».

Este tipo de preguntas predictivas atraen poderosamente a nuestros oyentes, captando su atención o retomándola cuando se ha desviado hacia pensamientos sobre lo que hay para comer o lo que deberían llevar al trabajo mañana. Esta técnica es un poco de sabiduría homilética basada en la hermosa forma en que Dios ha hecho nuestras misteriosas mentes.

¿Cree que puede funcionar?

20

Cada sermón es una historia

De principio a fin, somos criaturas que cuentan historias. No existimos ni podemos concebir nuestras vidas al margen de una línea temporal narrativa. Nuestro pasado, nuestro presente y nuestro futuro describen nuestra existencia e identidad. Dios, que es el único atemporal, nos puso en esta realidad cuatridimensional, y por eso no es casualidad que la gran mayoría de las Sagradas Escrituras estén compuestas por historias. Además, incluso el 20 % de la Biblia que no es directamente una narración tiene sentido cuando se sitúa en la gran historia de la Biblia que va desde la creación en el Génesis hasta la nueva creación en el Apocalipsis.

Esta realidad narrativa omnipresente, tanto en la vida como en las Escrituras, significa algo para nuestra predicación: los sermones más efectivos son los que aprovechan este mar de historias humanas y bíblicas enterrado en lo profundo. Los sermones de cualquier parte de la Escritura y sobre cualquier tema pueden y deben contar una historia, no para ser cursis o meramente relevantes, sino porque estar ligados a una historia es parte de lo que somos como criaturas de Dios.

¿Qué aspecto tiene esto? Consideremos la estructura básica de toda historia. Afortunadamente, no tenemos que empezar de cero. Desde Aristóteles, por lo menos, lo que los antiguos pensadores observaron, y lo que todavía nos resulta útil, es que las historias se desarrollan a través de la línea de tiempo mental de una *trama.* A diferencia de los argumentos, que proceden paso a paso desde la proposición hasta la conclusión, cada historia se construye sobre la misma montaña rusa de desarrollo argumental. Y en el centro de la trama hay una tensión o un problema que se presenta, se desarrolla y se resuelve. Sin tensión no existe una historia.

El patrón argumental de toda historia —ya sea una tragedia, una comedia romántica, un viaje o un relato de desarrollo humano— puede ilustrarse de la siguiente manera:

- Ambientación
- Tensión creciente
- Punto máximo de tensión
- Resolución
- Acción posterior.[15]

Esta es la estructura de toda historia. También debería ser el marco de todo sermón. Dios ha incorporado nuestras vidas en la historia, y por lo tanto, son las historias, por encima de todo, las que involucran a toda nuestra persona: cuerpo, mente y corazón.

Así que, nuevamente, ¿qué aspecto tiene esto? Ya sea que predique a partir de un profeta del Antiguo Testamento, de una epístola del Nuevo Testamento, de los relatos de la historia de David o de las biografías evangélicas del Hijo de David, la estructura de su sermón debe construirse sobre el andamiaje de este marco argumental básico.

Ambientación. La introducción de su sermón establece el tono y el espacio mental para lo que va a ocurrir. Las primeras palabras que salen de su boca importan tanto como la primera línea de una novela o el «había una vez» de una epopeya mítica. En su ambientación debe introducir la idea de la cual va a tratar su mensaje.

Tensión creciente. Muy pronto en su introducción (mi meta es los dos primeros minutos), tiene que plantear alguna pregunta, alguna tensión, alguna cuestión que comprometa a sus oyentes. Tal vez sea una pregunta, una lucha emocional o una frustración que ya conozcan. O tal vez usted pueda plantear una cuestión que nunca hayan articulado antes. En cualquier caso, esta es una etapa crucial para atraer a los oyentes. Sin trama, no hay historia. Sin tensión, no hay sermón.

Punto máximo de tensión. Su sermón debe alcanzar una cima de tensión. La gente debe sentir la altura y la profundidad de lo que está hablando mientras lleva las ideas del texto a un punto palpable de necesidad e intensidad. Una historia que nunca cambia de tono es aburrida. Lo mismo ocurre con un sermón.

Resolución. Su sermón no está diseñado para crear ansiedad o cargar a las almas con un dilema irresoluble. La clave del sermón, tanto retórica como teológicamente, es la resolución bíblica que el texto ofrece para la tensión que él (y usted) ha puesto de manifiesto. En algunos sermones, la resolución se produce relativamente pronto, y la mayor parte del sermón la desarrolla. En otros sermones, la tensión aumenta hasta el penúltimo movimiento.

Acción posterior. En las narraciones, la acción siguiente suele ser más implícita que explícita; la historia puede contar lo que les ocurrió a los personajes para bien o para mal, pero solo las historias favoritas se vuelven excesivamente «sermoneadoras» al final (pensemos en Ayn Rand). Los sermones, sin embargo, deben esforzarse por aplicar con amabilidad y cariño la tensión resuelta del texto a la vida real de la gente en el siglo XXI. La aplicación explícita y específica es exactamente lo que la gente quiere, necesita y lo que estamos llamados a ofrecer.

Al igual que con cualquier historia atractiva, no debe enseñar explícitamente este marco argumental en su sermón. Pero debe estar presente en la construcción de su sermón. Las conexiones y el cableado eléctrico de la estructura de la trama del sermón se cubrirán con una pared de palabras bien pintada. Sin embargo, la estructura debe estar detrás de esas paredes mientras usted crea un mundo hermoso y habitable para que sus oyentes vivan ahí. Haga de cada sermón una historia, no importa el tipo de texto que esté predicando.

21

Haga música en su sermón

No hay nada como la música en vivo. La tecnología que nos permite grabar música y escucharla en cualquier momento es un regalo asombroso, pero es otra cosa totalmente distinta ver a músicos expertos actuar en carne y hueso, en tiempo real. Ocurre algo que va más allá de las canciones. Los momentos en persona y compartidos importan. Y todavía más, a veces hay momentos que rozan lo trascendente: esa sesión acústica o concierto en el que una misteriosa combinación de músicos, melodía, oyentes y espacio lo envuelven. Verdaderamente mágico.

Sin embargo, los músicos son personas reales, y esto significa que a veces la creación de música cae en un ciclo rutinario, pasando por los movimientos de las progresiones de acordes, letras o arpegios. Este es un problema especialmente grave para los profesionales, esa pequeña minoría de artistas que realmente se ganan la vida con su música.

La repetición produce cansancio, ya que la familiaridad genera desprecio.

Así también, cada sermón es una creación viva, encarnada y compartida, ofrecida por esa minoría de personas que realmente se ganan la vida estudiando la Sagrada Escritura y enseñándola a otros. Y el surco de la rutina siempre nos arrastra a nosotros también, independientemente de nuestras habilidades, esfuerzos y deseos de ser fieles y verdaderos.

He visto mucha música en directo de todos los géneros y sabores. Pero el primero de mi lista fue un concierto al que asistí hace unos años, de un grupo de músicos de jazz muy hábiles llamado Postmodern Jukebox. Lo que hizo que este concierto fuera tan memorable fue que no se limitaban a *interpretar sus canciones*; estaban *haciendo música*. Es decir, era evidente que no se limitaban a tocar las notas correctas con excelencia. Estaban presentes, en el momento, en el límite, creando música delante de nosotros, con todos sus riesgos y su alegría sincera y plena.

Esta diferencia —interpretar canciones frente a hacer música— debe ser una visión que impulse y dé forma a nuestra predicación. Las habilidades y el trabajo deben estar presentes tanto en la preparación como en el púlpito, pero nunca debemos contentarnos con eso. No debemos pensar que nuestro trabajo está hecho si hemos tocado las notas y escalas «sermónicas» correctas. La gente necesita algo más que una actuación —puede descargar los sermones de cualquiera—, necesita que creemos música para ellos cada semana, en vivo y en directo.

¿Cómo lo hacemos? Por nuestra parte, nos hacemos presentes conscientemente y nos preparamos para asumir algunos riesgos: ser vulnerables, apasionados, humildes, estar presente, y no contenernos en la autoprotección o el miedo al fracaso. Justo antes de ponerme delante de la congregación, siempre me recuerdo a mí mismo que lo que estoy haciendo tiene una importancia que va mucho más allá de mi propia actuación y mis habilidades. Este momento de la predicación es la obra de Dios para el bien del mundo: cambiar el rumbo de la vida de un joven, sanar un matrimonio, dar esperanza en medio de una prueba de cáncer. Esto me ayuda a presentarme con todo el corazón.

Sin embargo, en última instancia, ese momento musical misterioso y trascendente está fuera de nuestro control. Es obra de Dios mismo a través del Espíritu Santo. Por eso oramos con gusto para que Dios haga la obra. Y eso es una buena noticia. Preséntese cada domingo por la mañana como un músico experto y dispuesto a tocar el instrumento a través del cual Dios cantará a Su amado pueblo. Rechace acercarse al sermón y al domingo como una mera actuación habitual, y en su lugar pida a Dios que haga música a través de usted.

22

¿Siempre exposición?

Puede que tenga una reacción negativa con lo que diré, así que trate de entenderlo antes de estar en desacuerdo. Aquí vamos: no estoy seguro de que debamos predicar expositivamente cada parte de la Biblia. Ya está, lo he dicho. Respire profundamente y déjeme explicarle lo que quiero decir.

Sé que la primera objeción a mi afirmación puede y debe ser 2 Timoteo 3:16-17 (NBLA):

> Toda Escritura es inspirada por Dios y útil para enseñar, para reprender, para corregir, para instruir en justicia, a fin de que el hombre de Dios sea perfecto, equipado para toda buena obra.

Este importante texto no solo hace una declaración sobre la naturaleza de la Sagrada Escritura; también afirma cuál es la función y el objetivo de la Palabra de Dios: enseñar, reprender y formar con el propósito de transformar a las personas en un comportamiento virtuoso. Estos versículos y esta idea han sido importantes para toda la cristiandad desde sus comienzos, pero quizás especialmente en la tradición protestante, y de gran aprecio en la subtradición evangélica, que da un valor extremadamente alto a la *predicación* de la Palabra como el medio principal del ministerio evangélico. Como resultado, una marca de identidad distintiva para muchos evangélicos modernos es la predicación expositiva de la Biblia. Es decir, los evangélicos no quieren limitarse a sumergirse en la Biblia para construir ideas o enseñanzas, sino que desean dar una explicación sistemática de lo que dice la Biblia. Históricamente esto se ha llamado *lectio continua.* Una insignia de honor es a menudo la predicación de libros enteros de la Biblia (a menudo tomando varios años para explicar una carta que puede ser leída en voz alta en veinte minutos).

Me doy cuenta de que sugerir que tal vez no necesitamos predicar expositivamente cada porción de la Biblia es ir en contra de un largo hábito homilético. Pero le pido que considere algunos pensamientos.

Para empezar, decir que toda la Sagrada Escritura es útil para la enseñanza, la reprensión y la formación no es lo mismo que decir que toda la Escritura debe ser manejada y utilizada de la misma manera. Sí, toda la Escritura es inspirada, provechosa y útil, pero debemos considerar cómo debe funcionar para estos fines. Por ejemplo, los Salmos son oraciones y cantos para ser cantados. Podemos aprender, y de hecho aprendemos teología y verdad de ellos, y por lo tanto son provechosos y útiles, *pero aprendemos de ellos usándolos de acuerdo con su propósito*: como oraciones y cantos personales y colectivos.

Siguiendo esta línea de pensamiento, podemos considerar también otra porción de la Sagrada Escritura, el libro de los Proverbios. ¿Predicaremos este libro expositivamente? En cuanto lo intente, si va a ser sensible a la forma en que el libro está estructurado y funciona, se dará cuenta rápidamente de que necesita otra estrategia además de proceder versículo por versículo, algo más temático en el mejor de los casos. Ciertamente está bien y es bueno predicar sermones temáticos de Proverbios. ¿Pero qué pasa si el punto provechoso de Proverbios es para la memorización y aplicación personal más que para la exposición? Deben ser enseñados para que la gente pueda entenderlos, pero tal vez predicar a través del libro no es la mejor manera de hacerlo. ¿Fue Proverbios elaborado con la intención de ser expuesto en sermones? Parece evidente que no.

O, para insistir en el asunto en una dirección ligeramente diferente, tomemos un libro como la Carta a los Gálatas. (¡Ahora estamos llegando al hueso protestante!). Toda esta carta tiene un punto grande y apasionado: que requerir las prácticas judías y la obediencia a la Ley como parte de la fe cristiana es una corrupción del evangelio. Es bastante fácil ver que este es el punto de Pablo porque lo dice una y otra vez con varias ilustraciones y argumentos. Cuando trate de predicar a través de Gálatas, pronto se dará cuenta de que, incluso tomando diez o doce versículos cada semana, a la mitad del libro tendrá ocho o nueve mensajes que son literalmente el mismo argumento en repetición.

Me doy cuenta de que los súper piadosos entre nosotros pueden responder: «¡Bueno, es la Palabra de Dios y Él debe querer que la repitamos tantas veces!». Lo entiendo. Pero ¿podría sugerir que el poder de este mensaje viene precisamente a través de experimentarlo en una *secuencia corta*? El poderoso golpe es el bombardeo de acción rápida de la apasionada súplica de Pablo, que se repite con múltiples ilustraciones en poco tiempo. Es la repetición retórica tomada de una sola vez la que comunica el mensaje con mayor claridad y fuerza. En lugar de predicar nueve semanas del mismo mensaje, ¿qué pasaría si predicáramos cinco mensajes totales de Gálatas, juntando los fragmentos más grandes que repiten el mismo argumento?

Podríamos considerar otros ejemplos —Job, Eclesiastés y Hechos— y reflexionar sobre las formas en que son útiles y fructíferos para la capacitación, pero también ver que tal vez la mejor manera de presentarlos es a través de la experiencia y el uso de sus textos de acuerdo con su forma (personal y colectiva), en lugar de exponerlos versículo por versículo en un sermón.

Realmente lo que estoy sugiriendo aquí es una simple extensión de la importante idea de interpretar los textos según sus géneros. Así que les pido que consideren que en nuestro deseo de honrar la Sagrada Escritura y aprender de Dios, valorando la audaz predicación de la Palabra, irónicamente podemos usar mal y pasar por alto la forma en que las diferentes porciones de la Escritura son provechosas y útiles. Todas las Escrituras son provechosas y nos enseñan, pero la forma en que usamos y enseñamos las distintas porciones de la Biblia debe variar según la función de cada texto: algunas son de enseñanza directa, otras nos guían en el canto o la oración, y otras nos dan dichos memorables y concisos para guiar nuestras vidas.

23

Un sermón no examinado no merece ser predicado

Cuando Sócrates fue juzgado por sus compatriotas atenienses por corromper a la juventud de la ciudad, se negó a dejar de buscar y de decir la verdad porque, según proclamó: «La vida no examinada no merece ser vivida». Como un eco de estas famosas palabras, sugiero que, por muy doloroso que nos resulte, no vale la pena predicar un sermón no examinado.

Esto significa que tendrá que buscar regularmente una evaluación intencional y significativa de su predicación por parte de otros, por incómoda que sea. Necesita buscar sistemática e intencionalmente la «vida examinada» para su ministerio de predicación. Todos los sermones y todos los predicadores tienen *algún* margen de mejora y, a veces, ese margen es del tamaño de una mansión.

Por qué puede no querer hacer esto. La evaluación sistemática e intencional de su predicación es una perspectiva aterradora. Es comprensible el miedo a dar voz a las críticas de la congregación. Algunas de estas críticas están justificadas, y puede que no quiera enfrentarse a ellas, como ese ruido en el motor de su camioneta que suena a una reparación cara. Es mucho más fácil subir el volumen de la radio. Algunas de estas críticas son completamente injustificadas, las murmuraciones de los elegidos congelados que están extremadamente seguros de sus propias opiniones estrechas y negativas. Es posible que piense que es inútil dar oxígeno y espacio a estas malezas asfixiantes. Como dijo Harry S. Truman: «¿Hasta dónde habría llegado Moisés si hubiese hecho una encuesta en Egipto?».

Por qué debería hacerlo. A pesar de estos temores, hay muchas razones positivas y de mucho más peso para buscar intencionadamente la evaluación de los sermones. Los buenos líderes en todos los campos están constantemente evaluando y siendo evaluados. En los negocios, en las organizaciones y en lo personal, puede haber *cierto* crecimiento involuntario durante un tiempo, pero finalmente, la entropía es la regla. Las cosas se deterioran. No mejoran de forma natural. Además, incluso las personas de alto rendimiento necesitan volver a lo básico a veces. Cuando el equipo de baloncesto de alto rendimiento pierde un partido importante (o casi) debido a los tiros libres fallados y a la falta de empuje, el siguiente entrenamiento va a implicar un acondicionamiento cardiovascular y ejercicios de tiro estrictos: volver a lo básico para seguir adelante.

Además de ser buena para su propio crecimiento, la evaluación intencional de la predicación de la iglesia ayuda al predicador y a todos los demás a recordar cómo funciona el cuerpo de Cristo. El predicador tiene un papel especial y visible, pero no es como rey o dictador o director general o heredero privilegiado. El predicador es aquel cuya función es enseñar y exhortar. Así como evaluamos correctamente y buscamos mejorar en todas las demás áreas del ministerio para mantener el cuerpo saludable, también necesitamos evaluar regularmente el ministerio de la predicación.

Cómo debería hacerlo. Espero que al menos esté abierto a esta perspectiva potencialmente aterradora. ¿Cómo hay que hacerlo en la práctica? Lo que haga para aplicar la evaluación es crucial para su eficacia y valor. He aquí algunas sugerencias:

- Cree un formulario para orientar las preguntas de evaluación. Incluya preguntas sobre la entrega y el contenido. ¿Qué fue eficaz? ¿Qué fue útil? ¿Cuándo se perdió al escuchar el sermón?
- Inicie el hábito de la evaluación regular realizada por el resto del personal pastoral. Semanal o quincenalmente es lo ideal. La clave es que el predicador no se ponga a la defensiva, sino que cree un ambiente seguro a puerta cerrada donde el

personal pueda dar una retroalimentación honesta. Conozco varias iglesias que han creado una cultura de examen de cada aspecto del servicio en un entorno seguro. El liderazgo tiene que iniciar esto con humildad y capacidad de enseñanza.

- Comience con el hábito de pedir a los amigos predicadores de otras iglesias que escuchen las grabaciones de sus sermones y le den su opinión. Tal vez, inicie una red de dos o tres personas que hagan esto por los demás con regularidad.
- Forme un pequeño grupo de personas representativas de su iglesia que se reúnan durante un tiempo determinado para hacer la evaluación de los sermones. Este grupo debe incluir una diversidad de edades, géneros y niveles educativos. Sea prudente y no invite a personas problemáticas, pero tampoco invite únicamente a personas que a todo digan que está bien. Pídales que completen el formulario de evaluación, y luego reúnase con este grupo semanalmente durante seis semanas. Haga esto una o dos veces al año.

La iglesia de Berea era considerada particularmente noble y digna de mención porque consideraban cuidadosamente todo lo que oían de Pablo, examinando la palabra predicada (Hch. 17:10-12). Si fueron nobles por evaluar a los apóstoles, ¿cuánto más deberíamos aplicar el mismo enfoque a nuestra propia predicación? Deberíamos aplicar un sistema habitual y reflexivo de evaluación de la predicación para dar un pequeño paso hacia sermones más fieles y eficaces.

24

Sea un guía en bodas y funerales

Siempre que he hecho una excursión, ya sea en un autobús sin techo en Londres o con un guía caminando en Hobbiton, Nueva Zelanda, me he dado cuenta de que no todos los guías turísticos son iguales. Los malos guías turísticos son los que se esfuerzan demasiado: hablan demasiado, utilizan un lenguaje rebuscado e intentan ser el centro de atención en lugar de destacar el lugar que se visita. Pero un buen guía turístico es una delicia, alguien que entiende y desempeña bien su papel. Se trata de alguien que experimenta los lugares de interés con aquellos a los que guía, una persona con conocimientos, que comparte la fascinación y la alegría del lugar.

Quiero que piense en ser ese tipo de buen guía cuando tenga que predicar y presidir bodas y funerales. Estos eventos son momentos fuera de lo común en nuestras vidas, en los que las personas se reúnen porque alguien a quien quieren pasa de una etapa de la vida a otra. En estas ocasiones trascendentales, el buen pastor debe ser un buen guía. Es el que conduce a las personas de un lugar a otro, ayudándolas a ver, comprender y apreciar lo que están viviendo. Si hay algún momento en el que la predicación debe ser pequeña —en el sentido de corta— definitivamente sería aquí. El buen pastor se da cuenta de que su papel en este acto no es principalmente el de enseñar, sino el de guiar.

Pero ¿qué significa esto?

En las bodas, ser un buen guía significa que el pastor orquesta con gusto una celebración, una ceremonia alegre sobre el amor como un regalo de Dios. El pastor-guía de bodas recuerda que este no es un momento para una instrucción pesada, acomodando los pasajes bíblicos sobre lo que se supone que deben hacer los esposos y las esposas o sobre lo difícil que puede ser el matrimonio. Esos son temas apropiados para la sala de consejería pre y posmatrimonial y, a veces, para el púlpito regular. Pero a nadie en una boda le interesa escuchar esas palabras. Todos están allí, justamente, para celebrar el amor y la unión de dos seres humanos para convertirse en una sola carne (ahí está el misterio; que así sea).

El buen pastor-guía no pretende utilizar la boda para predicar un sermón de cuarenta y cinco minutos a un grupo de personas sin iglesia. No, está invitando a la pareja y a los testigos a la belleza y la bondad del amor, la propia naturaleza de Dios. Esta invitación al amor no es empalagosa ni sentimental, sino que es una alegría seria. El guía pinta un cuadro —utilizando la historia particular de esta pareja— de la seria alegría del amor. Que ese sea el mensaje.

En los funerales, ser un buen guía significa que el pastor dirige una conmemoración, una valiosa ceremonia sobre la vida como un regalo de Dios. El pastor-guía de los funerales está ahí para llevar a los reunidos a recordar y celebrar la bondad de la vida de una persona, aunque pueda estar enterrada bajo un montón de imperfecciones y fracasos. Hay bondad en cada ser humano hecho a imagen de Dios, y esto debe ser celebrado. El predicador está ahí para ayudar a la gente a articular la confusión de sus sentimientos, para dar palabras a las experiencias de las personas para que puedan aprender a seguir en un mundo que es diferente a causa de esta muerte. Un funeral no debe ser meloso y sentimental, sino un momento de alegre seriedad. «Es mejor ir a un funeral que a una casa de fiestas. Pues la muerte es el fin de todo ser humano, y los que viven debieran tenerlo presente» (Ecl. 7:2, NVI). Los que se quedan son invitados a ver la bondad de la vida bajo Dios y a tomarla con seriedad. El Dios de la vida ofrece a todos vida en Él por medio de Jesucristo. Que ese sea el mensaje.

En otras palabras, tome las bodas y los funerales con seriedad y alegría. No se imponga la carga de decir todo lo que cree que los presentes necesitan oír. Su papel es guiar a las personas con amor, acompañándolas en este nuevo lugar donde se han encontrado. Guíelos con sus palabras para que vean la belleza, una belleza hecha por el Dios que da amor y vida.

25

Robar como un artista

En 2011, al joven escritor Austin Kleon le pidieron que diera una charla en un colegio comunitario del norte del estado de Nueva York. No era una gran actuación, y él no era un tipo famoso. No escribió un elaborado trabajo de investigación o una pieza técnica diseñada para impresionar a los demás. En su lugar, Kleon hizo una lista reflexiva de «diez cosas que me gustaría haber oído cuando estaba empezando». Su charla creativa comenzó a hacerse viral y se convirtió en un libro encantador que explora las luchas y las alegrías de crear cosas bellas.[16]

Al principio de la lista original de Kleon estaba el provocador consejo: «Roba como un artista».

Kleon señala que todo tipo de artistas —escritores, músicos, pintores— acaban por darse cuenta de que su creatividad es en realidad un tipo de robo necesario y bueno. Picasso lo dijo de esta manera: «Los buenos artistas copian. Los grandes artistas roban. El arte es un robo».

T. S. Eliot señaló que los poetas inmaduros imitan, mientras que los grandes poetas roban. O con mayor simpleza, reflexionando sobre su propia música, David Bowie dijo: «Soy un ladrón de buen gusto».

¿Escribir un sermón como un robo? No parece una metáfora muy positiva. Pero el punto es profundo. Los sermones son un acto de creatividad. Independientemente del estilo de predicación que se prefiera, de la tradición confesional o de la personalidad individual, producir un sermón es un acto creativo. Y toda creatividad implica un tipo de robo necesario.

¿Por qué? Ambos aspectos de la predicación (escribir y pronunciar) son posibles para los seres humanos porque solo nosotros estamos hechos a imagen del Dios que crea. Los seres humanos a imagen de Dios participan en la creatividad divina creando cosas bellas, incluidos los sermones.

Pero hay una diferencia crucial entre nuestra creatividad y la de Dios. Solo la de Dios es *ex nihilo,* de la nada. La creación de Dios no es un robo. La nuestra necesariamente lo es. Nuestra creación es siempre una mezcla, una unión de otras ideas, metáforas, textos, materiales e imágenes para comunicar algo bueno y vivificante a los demás. Somos, para usar la famosa frase de Tolkien, «subcreadores». Por lo tanto, nuestra escritura y predicación de sermones es un acto milagroso y creativo. Y es un robo.

Esta mezcla creativa de las ideas y percepciones de otros es lo que Austin Kleon quiere decir cuando afirma que para ser creativos debemos «robar como un artista», sin vergüenza. No debemos sorprendernos ni avergonzarnos de que nuestra prédica dependa de otros. Nuestro trabajo nunca es más que la labor de un aprendiz en el taller de un maestro artista.

Entonces, ¿qué impacto tiene el reconocimiento de este robo artístico en nuestra predicación? Resumámoslo con una simple frase:

> Aprender feliz y sabiamente de los demás.

No puede escribir sermones solo. No es necesario que usted tenga todas las ideas nuevas en sus sermones (en realidad, eso es probablemente una muy mala idea). Debe buscar con gusto las ideas de otras personas para ayudarlo a ministrar bien en el púlpito. De hecho, apoyarse en las ideas de otros no solo es sabio, sino que también honra los dones que Dios ha dado a nuestros semejantes.

Este feliz aprender de los demás significa:

- Leer y escuchar buenos sermones, estudiar comentarios y mantener conversaciones intencionadas con otros lectores, pensadores y pastores.
- Leer mucho, tanto de no ficción como, sobre todo, de gran ficción. A menudo bromeo diciendo que trabajo

como profesor y pastor solo para poder mantener mi hábito de lectura de novelas. Pero, dejando de lado las bromas, creo que mi predicación, mi enseñanza y mi pensamiento son mucho más fuertes porque dedico mucho tiempo a las grandes historias.

- Centrarse en el arte de escribir. Un consejo para aprender a escribir bien es copiar físicamente grandes líneas de los libros de otros, prestando atención a cómo se elaboran las grandes frases. También hay que leer en voz alta lo que está bien escrito, sintiendo su ritmo y su timbre.
- Analizar lo que funciona retóricamente en los sermones de otros y probarlo.

Significa: ¡dar pequeños pasos de predicación!

Por supuesto, puede hacerlo de forma tonta y nefasta, y eso se llama plagio. Puede caer fácilmente en el oscuro filo del mantra «robar como un artista» convirtiéndose en un mero segundón, en un vulgar ladrón. He escuchado sermones y partes de sermones que sé que fueron robados directamente de algún predicador más famoso sin atribución alguna. Eso es malo.

El símil es la clave: robar *como* un artista, no como un ladrón cualquiera. Robar como un artista, sermonear como un artista, significa que reconoce y se alegra de la ayuda que recibe de los demás, nunca tomándose el crédito.

Una vez que reconozca su papel de subcreador, desempeñado en comunidad, podrá vivir su vida de predicador con libertad, envolviendo sobre sus hombros el cómodo y hermoso manto de la humildad. Lo que su gente necesita de usted no es la capacidad de llegar a todo por sí mismo. Ellos necesitan que usted dedique sus horas y su energía a aprender a robar como un artista.

Conclusión

Comenzamos este libro hablando de la sorprendente bondad de la pequeñez. Cuando se aplica con intención en nuestras vidas, lo pequeño es algo grandioso. En la autodisciplina, en los deportes, en las relaciones o en la predicación, los pasos pequeños y bien pensados son la forma de lograr un cambio real y duradero. Espero que este pequeño libro le haya inspirado a dar algunos de estos pasos.

En los últimos meses me he tomado en serio el golf. Cualquiera que conozca el golf sabe que es un deporte que invita fácilmente a reflexionar sobre «lecciones de vida». Por la forma en que está estructurado y se juega, este deporte está repleto de metáforas y principios que se aplican más allá del propio deporte. Lo mismo ocurre con el principio de lo pequeño. El golf es en gran medida un juego de lo pequeño, y cuando se atiende a las cosas pequeñas, se pueden hacer grandes progresos. Aunque se podría pensar que golpear una bola con un palo y hacerla ir en línea recta sería bastante fácil, el golf es muy complicado debido a la gran cantidad de pequeñas partes del cuerpo que están involucradas. Las muñecas, las caderas, los ojos, los hombros, las rodillas, la columna vertebral y los pies tienen que hacer lo correcto en el momento adecuado, cada vez. El golf es definitivamente un deporte de pequeñas cosas en todos los sentidos. Y cuando algo no funciona, son los pequeños ajustes los que marcan una gran diferencia. Al ajustar ligeramente mi agarre, la ubicación de mi cabeza y mis rodillas, la posición de la cara del palo, la altura del soporte de la bola, los pequeños cambios hacen una gran diferencia. Lo mismo ocurre con nuestra vida como predicadores. En los pequeños ajustes es donde debemos concentrar nuestra energía.

He estado leyendo un conocido libro de psicología del golf de Bob Rotella titulado *Golf Is Not a Game of Perfect* [El golf no es un juego de perfección].[17] Rotella señala que si nuestra expectativa al jugar golf es que cada golpe, cada aterrizaje y cada *putt* sean perfectos, entonces en nuestra frustración por no cumplir esa expectativa perderemos la alegría del juego. En cambio, los golfistas deben aprender a amar el desafío de cada golpe, aceptando el hecho de que las alternativas —la ira, el miedo, las quejas y las trampas— no son buenas y no sirven para mejorar el juego. La aplicación de esta sabiduría a nuestras vidas en general es evidente. De hecho, el propio Rotella escribió posteriormente un libro similar con el atinado título *Life is Not a Game of Perfect* [La vida no es un juego de perfección].[18]

Robando felizmente como un buen artista (véase capítulo 25), quiero aplicar esto a nuestra predicación. La predicación no es un juego de perfección. Ningún sermón será perfecto, y ninguna vida de predicación estará exenta de fracasos, pasos en falso, oportunidades perdidas e imperfecciones. Pero eso está bien. Nuestro llamado es a la fidelidad, no a la perfección ni a la ansiedad, sino a la alegría. Esta visión de la predicación debe ser vivida y refinada a lo largo de nuestros ministerios y los pequeños pasos son el camino a seguir, empezando por hoy.

Tal vez lo critiquen después de un sermón y pierda la calma. O lo elogien y se le suba a la cabeza. O tal vez intente iniciar un grupo de planificación de sermones al estilo «banda de hermanos» y se desvanezca. O trate de escribir un manuscrito de su sermón y se sienta muy torpe. Todo esto está bien. La predicación no es un juego de perfección. Siga dando pequeños pasos hacia una predicación verdadera, buena y hermosa. Así es como se ve ser fiel como predicador.

Independientemente de dónde se encuentre en el mundo y en el ministerio ahora mismo, hoy es el momento de ser intencional en la tarea de predicar. Sin importar si es un viejo experto o un predicador primerizo, y sin importar si está predicando a veinticinco personas en línea o a 1000 en persona, este es el momento de dar pequeños pasos hacia una mejor predicación. Acompáñeme en el viaje.

Notas

Introducción

1 James Lang, *Small Teaching: Everyday Lessons from the Science of Learning* (Hoboken, NJ: Jossey-Bass, 2016).

Capítulo 1: Manejar los elogios con cuidado y alegría

2 Emily Dickinson, «Fame is a Bee», en *The Poems of Emily Dickinson*, ed. R. W. Franklin (Cambridge: Harvard University Press, 1999).

Capítulo 4: Pastorear como dirigir una orquesta

3 Shankar Vedantam, «Do Orchestras Really Need Conductors?», *All Things Considered, November 27, 2012*, https://www.npr.org/sections/deceptivecadence/2012/11/27/165677915/do-orchestras-really-need-conductors.

4 Tom Service, citado en Clemency Burton-Hill, «What Does a Conductor Actually Do?», http://www.bbc.com/culture/story/20141029-what-do-conductors-actually-do.

5 Burton-Hill, «What Does a Conductor Actually Do?».

6 Benjamin Zander, «The Transformative Power of Classical Music», *TED talk*, https://www.npr.org/2017/11/10/562884481/benjamin-zander-how-does-music-transform-us.

Capítulo 5: Sea el testigo de Dios, no Su abogado

7 E. Stanley Jones, citado en Ruth A. Tucker, *From Jerusalem to Irian Jaya: A Biographical History of Christian Missions* (Grand Rapids: Zondervan, 2011), 331.

Capítulo 7: Predicación encáustica

8 La inspiración original para esta metáfora surgió de una estimulante conversación con mi brillante amigo y colega, el Dr. Matthew Westerholm.

Capítulo 8: La escritura de manuscritos desarrolla el pensamiento

9 Annie Dillard, *The Writing Life* (Nueva York: Harper & Row, 1989), 2-3.

Capítulo 9: Escribir el sermón como si fuera una escultura

10 Esta metáfora procede de mi propia experiencia. Solo algún tiempo después de escribir este ensayo me avisaron de un libro de homilética con el título *Scripture Sculpture* de Ramesh Richard (Grand Rapids: Baker Books, 1995).

Capítulo 11: El ritmo de la educación y el rompecabezas

11 Este ensayo depende felizmente del capítulo 5 del excelente libro de Ronald J. Allen, *The Teaching Sermon* (Nashville: Abingdon, 1995).

Capítulo 12: Destruya sus borradores

12 Anne Lamott, «12 Truths I Learned from Life and Writing», TED2017, https://www.ted.com/talks/anne_ lamott_12_truths _i_learned_from_life_and_writing/transcript#t-408188.

Capítulo 15: El primer minuto de un sermón

13 Visite mi canal de YouTube *Cars, Coffee, Theology*.

Capítulo 19: El poder de las predicciones

14 Lang, *Small Teaching*, 48.

Capítulo 20: Cada sermón es una historia

15 Otra versión de este gráfico y una discusión más completa sobre el funcionamiento de los relatos puede encontrarse en Jonathan T. Pennington, *Reading the Gospels Wisely: A Narrative and Theological Introduction* (Grand Rapids: Baker Academic, 2012).

Capítulo 25: Robar como un artista

16 Austin Kleon, *Steal Like an Artist: 10 Things Nobody Told You about Being Creative* (Nueva York: Workman, 2012).

Conclusión

17 Bob Rotella con Bob Cullen, *Golf is Not a Game of Perfect* (Nueva York: Simon & Schuster, 1995).

18 Bob Rotella con Bob Cullen, *Life is Not a Game of Perfect* (Nueva York: Simon & Schuster, 1999).